hasta la unidad

hasta la unidad

francis chan

CASA
CREACIÓN
Para vivir la Palabra

Para vivir la Palabra

MANTÉNGANSE ALERTA;
PERMANEZCAN FIRMES EN LA FE;
SEAN VALIENTES Y FUERTES.
—1 CORINTIOS 16:13 (NVI)

Hasta la unidad por Francis Chan
Publicado por Casa Creación
Miami, Florida
www.casacreacion.com
©2021 Derechos reservados

ISBN: 978-1-955682-05-3
E-book ISBN: 978-1-955682-06-0

Desarrollo editorial: *Grupo Nivel Uno, Inc.*
Apatación de diseño interior y portada: *Grupo Nivel Uno, Inc.*

Publicado originalmente en inglés bajo el título:
Until Unity
Publicado por David C Cook
4050 Lee Vance Drive
Colorado Springs, CO 80918 U.S.A.
Integrity Music Limited, a Division of David C Cook
Brighton, East Sussex BN1 2RE, England
© 2021 Crazy Love Ministries
Todos los derechos reservados.

Nota de la editorial: Aunque el autor hizo todo lo posible por proveer teléfonos y páginas de internet correctos al momento de la publicación de este libro, ni la editorial ni el autor se responsabilizan por errores o cambios que puedan surgir luego de haberse publicado.

Impreso en Colombia

21 22 23 24 25 LBS 9 8 7 6 5 4 3 2 1

Este libro es dedicado a los seguidores
de Jesús de varias denominaciones que
han perdonado mi arrogancia y
divisionismo a lo largo de los años.

Él mismo constituyó a unos, apóstoles; a otros, profetas; a otros, evangelistas; y a otros, pastores y maestros, a fin de capacitar al pueblo de Dios para la obra de servicio, para edificar el cuerpo de Cristo. De este modo, todos llegaremos a la unidad de la fe y del conocimiento del Hijo de Dios, a una humanidad perfecta que se conforme a la plena estatura de Cristo. Así ya no seremos niños, zarandeados por las olas y llevados de aquí para allá por todo viento de enseñanza y por la astucia y los artificios de quienes emplean artimañas engañosas. Más bien, al vivir la verdad con amor, creceremos hasta ser en todo como aquel que es la cabeza, es decir, Cristo. Por su acción todo el cuerpo crece y se edifica en amor.

Efesios 4:11-16

Contenido

Agradecimientos

Mercy: figuras como editora, pero tu trabajo fue mucho más que ese. No podría haber escrito este libro sin ti. Eres brillante. Tu sabiduría, aunada a tu profundo y puro amor por Jesucristo, hizo que me divirtiera al escribir. No hay nadie en la tierra con quien prefiera hacer esta tarea literaria. Fue genial pensar contigo, orar contigo y, simplemente, estar contigo. Eres la mejor.

Mark Beuving: gracias por contribuir a otro libro mío, aunque siempre estás muy ocupado.

A la familia de mi iglesia en Hong Kong: Lem, Diana, Allison, Christy, David, Lillian, Julie, Alan, Jen, Eugene, Telly,

Francis, Iris, Douglas, Kelly, Ka Yuen, Wai Wai, Ah Wing, Barry, YY, Josh, Grazia, Sailor, Circle, Brian, James, Ka Yin, Helen, Hawk, Lorraine, Kyle, Jimmy, Hilda, Silas, On, Chicken, June, Jackie, Mike, Camilla, Amanda, Emma, JoJo, Andy , Andrew, Eric, Esther, Ah Sun, Ethan, Lap Yin. ¡Gracias por hacer del 2020 el mejor año de mi vida!

Mis amigos en HK por sus fieles oraciones y su apoyo incondicional: Jackie P., Agnes, Jason, Juliana, Brian, Angela, Chow Fai, Kabo, Richard, Linda, Hugo, Yuenyi, TH, Paula, KO, YK, Serena, Cynthia, Sydney, Peter, Susana, James, Kennedy, Peter, Eugene, Matt, Robert, Pinky, Ben, la familia Balcombe, Matt y Rebekah.

Introducción

Sé franco: ¿Cuánto tiempo pasaste adorando a Jesús esta mañana?

Sin contar las cosas que pediste. Pedir no cuenta. El solo hecho de leer un pasaje de las Escrituras tampoco cuenta. Así que insisto: ¿Cuánto tiempo pasaste contemplando su rostro y diciéndole lo maravilloso que él es?

Éramos enemigos de Dios, destinados a enfrentar su ira. Deja que eso te consuma.

Jesús fue torturado en la cruz para aplacar la ira de Dios. ¿Todavía te conmueve esa verdad?

No hay nada que tengas
que hacer hoy que sea más
importante que adorarlo.

Ahora estás reconciliado con Dios y eres adoptado como hijo de él. ¿Cómo, entonces, pasamos un día sin alabarlo por esto? Dios, ahora, ¡habita en ti! No te limites a asentir con la cabeza. ¡Maravíllate con esto! Deja este libro a un lado y adora al Señor. Estás respirando, en este instante, porque Dios te está dando aliento. Así que usa tu siguiente inhalación para el propósito previsto. Bendícelo.

Bendice, alma mía, a Jehová,
y bendiga todo mi ser su santo nombre.
—Salmos 103:1 RVR60

No podemos empezar nuestros días sin adorar a Cristo, sin alabarlo. Se nos ordena que nos regocijemos en él siempre. No hay nada que tengas que hacer hoy que sea más importante que adorarlo. Si no soy lo suficientemente sabio como para comenzar el día con adoración, ¿por qué alguien debería escuchar lo que tengo que decir? Si soy lo suficientemente necio como para renunciar a las alabanzas porque necesito reflexionar para solucionar problemas en la iglesia, entonces soy más parte del problema de lo que me doy cuenta.

Nuestra falta de alabanza y adoración puede ser, en realidad, la principal causa de nuestras divisiones. Una vez que dejamos de adorar, se pierde toda esperanza de alcanzar la unidad. Esto es lo que nos une: no podemos dejar de hablar del tesoro que tenemos en Cristo Jesús. Es difícil iniciar una discusión con alguien que está de rodillas exclamando alabanzas a Jesús, sobre todo cuando también tú estás ocupado bendiciendo al Señor. Muchos de nuestros problemas podrían resolverse si tratáramos nuestras preocupaciones de rodillas ante el Dios santo. No podemos permitir que el enemigo de nuestras almas o cualquier otro enemigo interrumpan nuestra alabanza. La adoración es nuestro camino hacia la unidad.

Por eso, te animo a buscar los siguientes pasajes que explican las verdades que he mencionado: Romanos 5:10-11; Efesios 2:3-4; Romanos 3:23-25; 1 Juan 3:1; 2 Corintios 5:21; Juan 14:21-23. Llena tu corazón de adoración y mantenlo repleto. Tú y yo somos parte de una escandalosa historia de amor. Una vez que perdemos nuestra fascinación, perdemos nuestra eficacia. Nuestras palabras terminan haciendo más daño que bien. Abordemos los problemas con un corazón de acción de gracias.

Nuestra familia rota

Somos, en la actualidad, el grupo de fe más dividido del mundo y no hay un segundo grupo que se nos acerque. Si crees que estoy exagerando, nombra otra religión con más de dos o tres perfiles. Tenemos miles de denominaciones y ministerios, cada uno de los cuales cree que su teología o metodología es superior. La parte más triste de todo eso es que nuestro Salvador fue crucificado para poner fin a nuestras divisiones, por lo que nos ordena que estemos unidos y dice algo más profundo y trascendental aún: que impactaremos al mundo cuando seamos uno.

No podemos simplemente volver a nuestros diversos círculos y continuar nuestras discusiones sobre cuán engañados están nuestros hermanos y hermanas. Es hora de probar algo diferente. ¿Qué pasaría si cada uno de nosotros nos planteáramos el objetivo de luchar por un nivel de humildad que nunca hemos tenido? Podríamos pasar el tiempo en nuestro círculo de rodillas clamando al Dios de la verdad, rogándole que exponga cualquier orgullo o engaño que se haya infiltrado en nuestras propias vidas. Necesitamos dejar de pensar que nuestro deber principal para con nuestros hermanos en la fe es criticarlos. Lo que no debe ser. Nuestro deber principal es amarlos. Pablo dice que tenemos una deuda de amor el uno con el otro (Romanos 13:8). Sin embargo, parece que invertimos mucho más tiempo en aprender que en amar. Evalúa, con toda franqueza, la cantidad de tiempo que dedicas a adquirir información en comparación con la cantidad de tiempo que dedicas a pedirle a Dios que aumente tu amor por sus hijos.

Hemos tratado nuestras divisiones como si fuera la deuda de nuestra nación. Que se agrava más y más cada minuto que pasa, pero no afecta nuestra vida diaria, por lo que no sentimos la urgencia de tratar con ella y cambiarla. Esa es la raíz del problema: no podemos dejar de pensar en nosotros mismos. Hemos olvidado la manera en que nuestras divisiones conmueven a Dios y al mundo incrédulo. Nuestra actitud fortuita y despectiva hacia la unidad es extraordinariamente peligrosa por tres razones:

1. Dios está disgustado con eso.
2. El mundo está confundido por ello.
3. Podría ser evidencia de que el Espíritu Santo no está en nosotros.

Temblor

No pretendo que este libro agote el tema de la división. Eso no tendrá ningún efecto perdurable. La sabiduría para abstenerse de hablar sin amor tiene que comenzar con el temor de Dios y sus mandamientos. En Isaías 66, la Palabra de Dios dice:

> *El cielo es mi trono,*
> *y la tierra, el estrado de mis pies.*
> *¿Qué casa me pueden construir?*
> *¿Qué morada me pueden ofrecer?*
> *Fue mi mano la que hizo todas estas cosas;*
> *fue así como llegaron a existir*
> *—afirma el SEÑOR— (vv. 1-2)*

¿A quién mira Dios? ¡A la persona humilde que *tiembla ante su palabra*!

Estás a punto de leer algunas Escrituras acerca de la unidad. Antes de hacerlo, dedica un momento a recordar que estas Escrituras son mandamientos sagrados de un Dios atemorizador. Es probable que a algunos de ustedes se les haya enseñado a temblar ante los mandatos relacionados con la inmoralidad sexual, pero no ante los que exigen la unidad. La unidad ha sido vista como un tema lindo para aquellos que no tienen la experiencia teológica adecuada para investigar temas más profundos. La unidad se ha visto como una opción tenue para aquellos a quienes no les importa la verdad. Por eso les insto a que abandonen esa mentalidad y simplemente tiemblen con cada versículo que lean ante un Dios Santo. Solo cuando tomemos en serio las Escrituras, entenderemos que Dios se preocupa más por la unidad que cualquier ser humano.

Estoy convencido de que, si tiemblas ante estas Escrituras, ni siquiera tendrás que leer el resto del libro. Oro para que Dios opte por derramar su gracia al leer sus mandamientos. Me encantaría saber si algún lector dice: «Ni siquiera pasé de la introducción. Era todo lo que necesitaba».

Hay seis cosas que el SEÑOR aborrece,
y siete que le son detestables:
los ojos que se enaltecen,
la lengua que miente,
las manos que derraman sangre inocente,
el corazón que hace planes perversos,
los pies que corren a hacer lo malo,
el falso testigo que esparce mentiras,
y el que siembra discordia entre hermanos.
—Proverbios 6:16-19

No ruego solo por estos. Ruego también por los que han de creer en mí por el mensaje de ellos, para que todos sean uno. Padre, así como tú estás en mí y yo en ti, permite que ellos también estén en nosotros, para que el mundo crea que tú me has enviado. Yo les he dado la gloria que me diste, para que sean uno, así como nosotros somos uno: yo en ellos y tú en mí. Permite que alcancen la perfección en la unidad, y así el mundo reconozca que tú me enviaste y que los has amado a ellos tal como me has amado a mí.

—Juan 17:20-23

Por eso yo, que estoy preso por la causa del Señor, les ruego que vivan de una manera digna del llamamiento que han recibido, siempre humildes y amables, pacientes, tolerantes unos con otros en amor. Esfuércense por mantener la unidad del Espíritu mediante el vínculo de la paz. Hay un solo cuerpo y un solo Espíritu, así como también fueron llamados a una sola esperanza; un solo Señor, una sola fe, un solo bautismo; un solo Dios y Padre de todos, que está sobre todos y por medio de todos y en todos.

—Efesios 4:1-6

Evita las necias controversias y genealogías, las discusiones y peleas sobre la ley, porque carecen de provecho y de sentido. Al que cause divisiones, amonéstalo dos veces, y después evítalo. Puedes estar seguro de que tal individuo se condena a sí mismo por ser un perverso pecador.

—Tito 3:9-11

Porque todos los que han sido bautizados en Cristo se han revestido de Cristo. Ya no hay judío ni griego, esclavo ni libre, hombre ni mujer, sino que todos ustedes son uno solo en Cristo Jesús.

—Gálatas 3:27-28

¿Quién eres tú para juzgar al siervo de otro? Que se mantenga en pie, o que caiga, es asunto de su propio señor. Y se mantendrá en pie, porque el Señor tiene poder para sostenerlo.

—Romanos 14:4

Les suplico, hermanos, en el nombre de nuestro Señor Jesucristo, que todos vivan en armonía y que no haya divisiones entre ustedes, sino que se mantengan unidos en un mismo pensar y en un mismo propósito.

—1 Corintios 1:10

Por tanto, si sienten algún estímulo en su unión con Cristo, algún consuelo en su amor, algún compañerismo en el Espíritu, algún afecto entrañable, llénenme de alegría teniendo un mismo parecer, un mismo amor, unidos en alma y pensamiento.

—Filipenses 2:1-2

Así que nadie los juzgue a ustedes por lo que comen o beben, o con respecto a días de fiesta religiosa, de luna nueva o de reposo. Todo esto es una sombra de las cosas que están por venir; la realidad se halla en Cristo. No dejen que les prive de esta realidad ninguno de esos que se ufanan en fingir humildad y adoración de ángeles. Los tales hacen alarde de lo que no han visto; y, envanecidos por su razonamiento humano, no se mantienen firmemente unidos a la Cabeza. Por la acción de esta, todo el cuerpo, sostenido y ajustado mediante las articulaciones y ligamentos, va creciendo como Dios quiere.

—Colosenses 2:16-19

Que el Dios y Padre nuestro, y nuestro Señor Jesús, nos preparen el camino para ir a verlos. Que el Señor los haga crecer para que se amen más y más unos a otros, y a todos, tal como nosotros los amamos a ustedes. Que los fortalezca interiormente para que, cuando nuestro Señor Jesús venga con todos sus santos, la santidad de ustedes sea intachable delante de nuestro Dios y Padre.

—1 Tesalonicenses 3:11-13

Debes hacerlo así para que el amor brote de un corazón limpio, de una buena conciencia y de una fe sincera. Algunos se han desviado de esa línea de conducta y se han enredado en discusiones inútiles. Pretenden ser maestros de la ley, pero en realidad no saben de qué hablan ni entienden lo que con tanta seguridad afirman.

—1 Timoteo 1:5-7

Si alguien enseña falsas doctrinas, apartándose de la sana enseñanza de nuestro Señor Jesucristo y de la doctrina que se ciñe a la verdadera religión, es un obstinado que nada entiende. Ese tal padece del afán enfermizo de provocar discusiones inútiles que generan envidias, discordias, insultos, suspicacias y altercados entre personas de mente depravada, carentes de la verdad. Este es de los que piensan que la religión es un medio de obtener ganancias.

—1 Timoteo 6:3-5

No tengas nada que ver con discusiones necias y sin sentido, pues ya sabes que terminan en pleitos. Y un siervo del Señor no debe andar peleando; más bien, debe ser amable con todos, capaz de enseñar y no propenso a irritarse. Así, humildemente, debe corregir a los adversarios, con la esperanza de que Dios les conceda el arrepentimiento para conocer la verdad.

—2 Timoteo 2:23-25

En cambio, la sabiduría que desciende del cielo es ante todo pura, y además pacífica, bondadosa, dócil, llena de compasión y de buenos frutos, imparcial y sincera. En fin, el fruto de la justicia se siembra en paz para los que hacen la paz.

—Santiago 3:17-18

El que afirma que está en la luz, pero odia a su hermano, todavía está en la oscuridad. El que ama a su hermano permanece en la luz, y no hay nada en su vida que lo haga tropezar. Pero el que odia a su hermano está en la oscuridad y en ella vive, y no sabe a dónde va porque la oscuridad no lo deja ver.

—1 Juan 2:9-11

En esto consiste el amor: no en que nosotros hayamos amado a Dios, sino en que él nos amó y envió a su Hijo para que fuera ofrecido como sacrificio por el perdón de nuestros pecados. Queridos hermanos, ya que Dios nos ha amado así, también nosotros debemos amarnos los unos a los otros. Nadie ha visto jamás a Dios, pero, si nos amamos los unos a los otros, Dios

permanece entre nosotros, y entre nosotros su amor se ha manifes-
tado plenamente.

—1 Juan 4:10-12

Dichosos los que trabajan por la paz, porque serán llamados
hijos de Dios.

—Mateo 5:9

No temas seguir estas instrucciones al pie de la letra. Algunos han llegado al punto de que, si tomo una declaración bíblica sobre el comportamiento sexual literalmente, me llaman conservador y mi postura se considera «bíblica». Pero, por desdicha, si tomo una de esas declaraciones bíblicas que se refieren a evitar la desunión o a perseguir la unidad al pie de la letra, me llaman liberal y mi postura se considera tenue, cobarde y comprometedora.

Eso está mal. Todos tenemos que tomar decisiones de acuerdo a qué partes de la Biblia deben tomarse al pie de la letra. Todos tenemos que hacerlo. No puedo contarles todos los pasajes que deben agarrarse textualmente. (Por ejemplo: ¿Vender todas tus posesiones? ¿Arrancarte un ojo? ¿Usar pañuelos en la cabeza?) Pero puedo decirles que estoy extremadamente seguro de que los mandatos de Jesús en cuanto a amar, a ser unidos y a evitar controversias deben tomarse al pie de la letra.

Testigo

¿Alguna vez has considerado cómo deben vernos los extraños? Trata de imaginarte a un incrédulo que está frente a su computadora tratando de encontrarle lógica a la diversidad de denominaciones, a las divisiones de las iglesias, a la publicidad competitiva y a las calumnias sin tapujos que aparecen en las redes. Eso sería equivalente a que mis familiares discutieran entre ellos, de manera frenética, mientras recorren las instalaciones de un orfanato para encontrarse con niños que quieren ser adoptados. Hay una razón por la que la gente no está ansiosa por unirse a nuestra familia. ¿Qué imagen de Dios le estamos mostrando al mundo? Si se supone que la iglesia sea un reflejo de la imagen de Dios y del aroma de Cristo para los que están pereciendo, no es de extrañar que la gente no se sienta atraída. No trates de consolarte con versículos como Juan 15:18 que afirma: «Si el mundo los aborrece, tengan presente que antes que, a ustedes, me aborreció a mí». El mundo nos odia, en la actualidad, no porque nos parezcamos a Jesús, sino por todo lo contrario. Somos arrogantes y tenemos una grave desconexión entre nuestras creencias y nuestras acciones.

Las Escrituras enseñan que nuestra influencia en el mundo está directamente vinculada a la unidad que mostramos. Entre tanto, continuamos degradándonos públicamente unos a otros, ajenos a cómo nos vemos ante el mundo. Seguimos trazando líneas que tienen lógica únicamente para nosotros, pero no para los que nos observan. ¿Que te molesta eso? No olvides que estamos hablando de personas reales que se dirigen a un verdadero infierno. No te limites a reunirlos a todos en un grupo sin propósito. Estamos hablando de tus amigos, tus primos, tus hijos y tus vecinos. A todos les alegra que el cristianismo funcione para ti, pero no ven la necesidad de ser «salvados» por Jesús. Ni siquiera creen en el día del juicio. Según las Escrituras, todo eso cambiaría si la Iglesia estuviera unida.

Pase lo que pase, compórtense de una manera digna del evan-
gelio de Cristo. De este modo, ya sea que vaya a verlos o
que, estando ausente, solo tenga noticias de ustedes, sabré que
siguen firmes en un mismo propósito, luchando unánimes por
la fe del evangelio y sin temor alguno a sus adversarios, lo cual
es para ellos señal de destrucción. Para ustedes, en cambio, es
señal de salvación, y esto proviene de Dios.

—Filipenses 1:27-28

Es grandioso que difundas el evangelio entre tus seres queridos, pero es nuestra unidad la que hará que realmente crean en
tus palabras. La mayoría de nosotros diría que haríamos cualquier
cosa para que nuestros seres queridos conocieran a Jesús. ¿Estás
dispuesto a hacer un esfuerzo serio en pro de la unidad? ¿Cuánta
humillación, arrepentimiento y sufrimiento estás dispuesto a
soportar para ver la Iglesia unificada?

Salvación

Si sientes apatía hacia los mandamientos de Dios con respecto a la
unidad y no te preocupa cómo percibe esto el mundo, es probable
que tengas un problema mayor. Es posible que el Espíritu Santo
no esté en ti, que no seas realmente salvo. ¿Te parece eso una
declaración impactante? Debería serlo. La Escritura es clara en
cuanto a las marcas de un verdadero creyente y al fruto que fluye
de una vida en la que habita el Espíritu Santo:

Las Escrituras enseñan
que nuestra influencia
en el mundo está directamente
vinculada a la unidad
que mostramos.

Las obras de la naturaleza pecaminosa se conocen bien: inmora-
lidad sexual, impureza y libertinaje; idolatría y brujería; odio,
discordia, celos, arrebatos de ira, rivalidades, disensiones, secta-
rismos y envidia; borracheras, orgías, y otras cosas parecidas. Les
advierto ahora, como antes lo hice, que los que practican tales cosas
no heredarán el reino de Dios. En cambio, el fruto del Espíritu
es amor, alegría, paz, paciencia, amabilidad, bondad, fidelidad,
humildad y dominio propio. No hay ley que condene estas cosas.

—Gálatas 5:19-23

Quiero que eches un vistazo de cerca a la primera lista: las obras de la carne. Es fácil verlas por encima y marcar suficientes casillas para asegurarnos de que no tenemos nada de qué preocuparnos. No vivo en inmoralidad sexual ni en borracheras y nunca pensé en convertirme en hechicero, así que estoy bien. Sin embargo ¿has notado alguna vez que la enemistad, la discordia, los celos, la ira, la rivalidad, la disensión, la división y la envidia también están en esa lista? ¿Y alguna vez has temblado realmente ante la advertencia de que «los que hacen tales cosas **no heredarán el reino de Dios**»? Dios toma muy en serio esos pecados, mucho más en serio que nosotros en la iglesia de hoy; de modo que si no cambiamos, cosecharemos las consecuencias.

Ahora observa esa segunda lista, la que probablemente hayas memorizado:

En cambio, el fruto del Espíritu es amor, alegría, paz, paciencia,
amabilidad, bondad, fidelidad, humildad y dominio propio. No
hay ley que condene estas cosas.

—Gálatas 5:22-23

Creo que es un buen momento para recordarte que el hecho de que creas una verdad no garantiza que la poseas. «A. W. Tozer describe al teórico como una persona que asume que, porque afirma la veracidad de la Biblia, automáticamente posee las cosas de las que habla la Biblia».[1] Demasiadas personas viven con la firme convicción de que afirmar una verdad bíblica equivale a poseerla en la realidad. El seminario puede enseñarte cómo memorizar un menú, pero eso no garantiza que alguna vez pruebes la comida que aparece en el mismo. Es aterrador pensar que en el infierno no faltan maestros de la Biblia con buena teología.

De vuelta a Gálatas: Pablo está explicando el fruto que resulta de una persona arraigada en el Espíritu. No trates esto como yo, en lo particular, solía hacerlo: como una lista de verificación para encontrar mis debilidades con el objeto de poder trabajar en esas áreas. La cuestión es que un buen árbol producirá buenos frutos. Esto es lo que producirá el Espíritu cuando se convierta en el nuevo amo de una persona. No te dejes atrapar por la idea de que has de trabajar más duro para cambiar el fruto de tu vida. Ve a la raíz. ¿Por qué salen de tu boca palabras que suenan desagradables, poco amables, poco amorosas? Jesús dice que el problema no es tu boca sino tu corazón (Mateo 12:34). Si el amor, la alegría, la paz, la paciencia, la bondad, la caridad, la fidelidad, la gentileza y el autocontrol o dominio propio no fluyen de nuestro corazón, no es porque no estemos esforzándonos lo suficiente. Es porque no estamos conectados con el Espíritu de Dios. Es así de serio.

Ponle fin a la desesperanza

La situación en la que se encuentra la iglesia cristiana luce desesperada. Hemos tratado de realizar actividades para promover la unidad, crear declaraciones doctrinales comunes para forjar la unidad e incluso orar por la unidad. Nada ha funcionado porque no buscamos llegar a la raíz del problema. Creemos que el conflicto lo constituyen las diferencias en la teología o en la práctica, por lo que pasamos mucho tiempo discutiendo sobre diferentes textos de las Escrituras. Creemos que la unidad solo sucederá una vez que convirtamos a la otra parte a nuestra opinión.

En realidad, nuestras divisiones son causadas por problemas mucho más profundos: nuestros deseos conflictivos (Santiago 4), nuestra propensión a los celos y la ambición egoísta, que conduce al «desorden y toda práctica vil» (Santiago 3) y, en última instancia, a la inmadurez de nuestra fe. Demasiadas personas se llaman a sí mismas cristianas y nunca han experimentado una conexión profunda con Dios. Debido a que tan pocas personas han sentido ni experimentado el amor de Dios, mucho menos son capaces de compartirlo. Si nuestra relación con Dios es automática o inexistente, nuestro vínculo de amor con los demás será igualmente débil. Cuando el amor es superficial, todo lo que se necesita es algo tan trivial como un desacuerdo para dividirnos.

Sé que se burlarán de mí por mi sencillez, pero el amor es realmente la respuesta. De alguna manera, a medida que avanzamos en nuestras sofisticadas discusiones teológicas, hemos dejado de crecer en nuestro amor por Dios y por los demás. Sin embargo, Jesús dijo que el amor a Dios y el amor al prójimo son literalmente las cosas más importantes (Marcos 12:28-31). Hay esperanza con la unidad, pero hasta que estés dispuesto a aceptar la simplicidad de la misma, continuaremos dividiéndonos.

Se suponía que sucedería un milagro cuando el Espíritu Santo entró en nuestras vidas: se suponía que debíamos producir el fruto del amor sobrenatural de uno por el otro. Eso no sucedió. De hecho, ocurrió lo contrario. Si en verdad hay un Espíritu que ama la unidad y que nos guía, no es lógico que estemos cada vez más divididos. Por tanto, es probable que el Espíritu nunca haya entrado en algunos de nosotros o que hayamos hecho un trabajo magistral al reprimirlo. No importa cuántos versículos de la Biblia conozcas y qué tan bien puedas enseñar las Escrituras, debes estar dispuesto a examinar el fruto de tu vida para ver si el Espíritu realmente ha entrado en ti.

Después de un análisis objetivo, puedes descubrir que no eres tan humilde y cariñoso como pensabas. Si realmente no amas a las personas tan profundamente, podría ser porque no has experimentado el amor de Cristo de una manera profunda. Puede haber una arrogancia o un vacío en tu alma que haya causado más división de la que crees. Después de todo, puede que no sea culpa de todos los demás. ¿Te humillarás para reconocer la posibilidad de que el orgullo que tienes requiere de arrepentimiento? Este podría convertirse en el mayor descubrimiento de tu vida. La humildad y el arrepentimiento siempre conducen a la vida y a la gracia. Es posible que arrepentirnos de nuestro orgullo nos lleve a una relación amorosa y vibrante con Dios y con los demás, lo que resultará en una plenitud de vida que nunca hemos probado.

Por lo tanto, como escogidos de Dios, santos y amados, revís-
tanse de afecto entrañable y de bondad, humildad, amabilidad
y paciencia, de modo que se toleren unos a otros y se per-
donen si alguno tiene queja contra otro. Así como el Señor
los perdonó, perdonen también ustedes. Por encima de todo,
vístanse de amor, que es el vínculo perfecto. Que gobierne en
sus corazones la paz de Cristo, a la cual fueron llamados en
un solo cuerpo. Y sean agradecidos.

—Colosenses 3:12-15

A lo largo de las Escrituras, vemos que Dios coloca a las personas en situaciones aparentemente imposibles. Luego se mueve de manera milagrosa con el fin de mostrar su poder (por ejemplo, dividir el Mar Rojo, resucitar a Lázaro de entre los muertos, etc.). A medida que nuestras divisiones aumentan y se profundizan, nos encontramos nuevamente en una situación que requiere de un milagro. Ahora parece ser el momento perfecto para que Dios conteste la oración que Cristo hizo por la unidad (Juan 17). Aun cuando algunas personas en la iglesia se suman a la división, creo que hay un ejército de creyentes mucho mayor que ha terminado con todas las luchas y facciones innecesarias. Hay enjambres de santos que están de rodillas orando como dijo Cristo: para que nos convirtamos en uno. Hay hombres y mujeres, con una fe como la de los niños, que están dispuestos a pagar el precio para luchar por la unidad. Lo más importante es que tenemos un Dios que realizó el acto más amoroso de la historia puesto que quería que fuéramos uno con él. ¿Por qué no creer que él ha de actuar ahora para hacer que sus hijos sean uno con los demás?

Capítulo 1

La unidad es lo que quiere la Trinidad

«Hagamos al hombre a nuestra imagen, conforme a nuestra semejanza».

¿Qué te viene a la mente cuando lees esas palabras de Génesis 1:26? ¿Alguna vez has meditado al respecto? Es uno de esos versículos que he conocido por años pero que, en realidad, nunca lo consideré importante. En consecuencia, nunca pensé en la gran honra que es ser creado a semejanza de Dios. Pasé muchas horas obsesionado con mis propios pecados y mis debilidades, pero nunca aparté el tiempo para maravillarme por haber sido hecho como él.

La mayoría de los maestros de la Biblia están de acuerdo en que las palabras «hagamos» y «nuestra» se usan en ese texto porque Dios habla en calidad de Trinidad. Génesis 1:2 nos explica que el Espíritu estuvo presente en la creación. Juan 1:1-3 indica que Jesús participó activamente en la creación de todas las cosas. En un momento sacro, Dios afirma: «Hagamos al hombre a nuestra imagen». Te animo a que, literalmente, dediques algunas horas a meditar solo en esta frase. Incluso ahora mismo, te recomiendo encarecidamente que dediques unos minutos a meditar en ello después de rogar al Espíritu Santo que te ilumine. El resto del libro puede esperar. Es más, el resto de este libro tendrá mucho más lógica si permites que el Espíritu Santo te lleve a meditar de una manera profunda en este versículo.

¿Cuándo fue la última vez que escuchaste a alguien manifestar fascinación por haber sido creado a la imagen de Dios? El apóstol Santiago nos advierte que seamos muy cuidadosos en cuanto a la forma en que nos expresamos con las personas que nos rodean porque ellas también son hechas a la imagen de Dios: «Pero nadie puede domar la lengua. Es un mal irrefrenable, lleno de veneno mortal. Con la lengua bendecimos a nuestro Señor y Padre, y con ella maldecimos a las personas, creadas a imagen de Dios. De una misma boca salen bendición y maldición. Hermanos míos, esto no debe ser así» (Santiago 3:8-10).

Así que, ¡somos hechos a imagen de Dios! La mayoría de la gente sabe que eso es cierto, pero no se da cuenta de que es algo sumamente sagrado. Como solo piensan en lo físico, es probable que se imaginen a Dios como una versión más grande de ellos mismos. Eso es lo que hicieron los griegos con sus dioses y sus semidioses. Ahora bien ¿es eso realmente de lo que está hablando la Biblia aquí? Creo que todos estaríamos de acuerdo en que el asunto va mucho más allá de la apariencia física. Jesús le explicó a una mujer de Samaria que «Dios es espíritu, y los que le adoran deben hacerlo en espíritu y en verdad» (Juan 4:24). Entonces, cabría preguntarse ¿qué significa estar hecho a imagen de un Dios que es espíritu? Aun cuando ser creado a su imagen puede implicar algunas características físicas, parece más probable que ser portadores de su imagen se relacione más con cosas que no podemos ver.

Creados a imagen de la Trinidad

Suponiendo que creas en la Trinidad, ¿has pensado alguna vez en las implicaciones que trae ser creado a imagen de un Dios que existe como tres Personas? Tenemos un Dios que existe eternamente en *perfecta relación*. ¿Qué significa eso para nosotros como individuos hechos a su imagen? Debemos tener especial cuidado en cuanto a no especular acerca de algo tan sagrado como esto; sin embargo, Jesús nos da un poco más de explicación en Juan 14 a 17 con el fin de que entendamos mejor el punto. Parece que fuimos creados de tal manera que seamos capaces de alcanzar la unidad con Dios y con los demás.

Jesús le explica a Felipe que todo el que lo ha visto a él, ha visto a su Padre (14:9). Esta es una de las afirmaciones más confusas de la historia. Es un concepto sin paralelo terrenal, por lo que suena contradictorio. Para confundir aún más las cosas, Jesús les dice a los discípulos que enviará a otro Consejero que realmente residirá «en» ellos (vv. 16-17). Todo ese discurso de Jesús amplía nuestras mentes y nos obliga a vernos a nosotros mismos como algo más que seres físicos. En el versículo 23, nos dice que él y el Padre harán su hogar en nosotros. En 15:4, Jesús nos dice que vivamos en él y él vivirá en nosotros. En Juan 17:20-23, afirma lo siguiente:

> *No ruego solo por estos. Ruego también por los que han de creer en mí por el mensaje de ellos, para que todos sean uno. Padre, así como tú estás en mí y yo en ti, permite que ellos también estén en nosotros, para que el mundo crea que tú me has enviado. Yo les he dado la gloria que me diste, para que sean uno, así como nosotros somos uno: yo en ellos y tú en mí. Permite que alcancen la perfección en la unidad, y así el mundo reconozca que tú me enviaste y que los has amado a ellos tal como me has amado a mí.*

En cierta manera real, normalmente estoy en Jesús, el Espíritu está en mí y el Padre y el Hijo moran en mí. ¿Lo asimilaste? ¡Es una declaración insensata que sería una blasfemia si no viniera de las propias palabras de Dios! Además de eso, la oración de Jesús es que cada creyente se una en esta misma unidad perfecta que el Padre, el Hijo y el Espíritu Santo han disfrutado por toda la eternidad. Fuimos creados a su imagen, para que podamos incorporarnos a esta unidad.

Necesitamos dedicar más tiempo a meditar en misterios como este. Es cierto que Dios «vive en luz inaccesible, a quien nadie ha visto ni puede ver» (1 Timoteo 6:16) y, sin embargo, podemos vivir en él como él vive en nosotros. De alguna manera podemos ser «llenos de la plenitud de Dios» (Efesios 3:19) y llegar «a tener parte en la naturaleza divina» (2 Pedro 1:4). Estas declaraciones no provienen de un deseo humano de hacernos como Dios; ¡son afirmaciones de Dios acerca de nosotros! Siéntate en silencio y pídele a Dios que te dé una idea de lo que él quiere decir en esos versículos.

Somos invitados a algo más profundo de lo que experimentaron los israelitas (Éxodo 19:16-20). Ellos se pararon al pie de la montaña y vieron a Moisés ascender a la presencia de Dios. Moisés tuvo el honor de hablar con Dios y escuchar su respuesta con un trueno. Por más alucinante que sea esa escena, se nos invita a algo más profundo. No estamos simplemente parados en alguna parte del exterior, contemplando a una Persona y adorándola. Él nos insta a realmente entrar en él, ser llenos de él y participar de él. Fuimos creados de tal manera que esto, aunque parezca absurdo, es absolutamente posible. La creencia en la muerte expiatoria de Cristo nos recrea para hacer de eso una realidad (2 Corintios 5:17). Lo que él desea es llegar a ser perfectamente uno contigo, pero no solo contigo. La oración de Cristo es que su creación disfrute todo lo que él ideó al crearnos: que haya una unidad perfecta entre el Padre, el Hijo, el Espíritu Santo y todos los que Jesucristo salvó.

Adoramos a un Dios

que desea la unidad

con sus hijos *y* entre sus hijos.

El Padre odia la división

¿O creen que la Escritura dice en vano que Dios ama celosamente al espíritu que hizo morar en nosotros?

—Santiago 4:5

Este es otro de esos versículos que requiere profunda oración y meditación para comprenderlo. Se necesita una fe tremenda para creer que el Dios todopoderoso podría tener un deseo tan fuerte por nosotros. ¿Crees que tienes un Padre celestial que «te ama celosamente»? Él creó a Adán y a Eva para que caminaran con él en el jardín y nos creó a nosotros no solo para caminar *con* él, sino también *en* él. Esto es lo que el Señor anhela celosamente.

Los padres pueden tener una pequeña muestra de las emociones de Dios con sus propios hijos. Generas una vida consciente de que ese bebé algún día tendrá la libertad de ignorarte y vivir de forma independiente si así lo desea. Todo en ti espera que ese niño quiera seguir conectado contigo. Una parte de ti quiere exigir eso porque lo deseas mucho, pero sabes que eso no es amor. La angustia que sienten los padres cuando el hijo quiere vivir independientemente de ellos es una fracción de lo que siente el Creador. Imagínate cómo se siente sabiendo que algunos de sus hijos desearían que él ni siquiera existiera. Están ocupados y cansados de intentar reducirlo a una visita simbólica por obligación. Su deseo de ignorarlo es tan fuerte que se convencen a sí mismos de que él no es real. El apóstol Pablo, en Romanos 1, explica que

—aunque ellos saben que existe—, suprimen la verdad. Así, con tanta desesperación, quieren liberarse de él.

Adoramos a un Dios que desea la unidad con sus hijos *y* entre sus hijos. Él envió a su Hijo para que reuniera a todos sus hijos bajo su cuidado. Ningún buen padre quiere ver separación entre sus hijos. Como padre de siete, me devastaría ver a cualquiera de mis hijos rechazado por los demás y separado de ellos. Me enojaría ver que alguno de mis hijos es divisivo. En la lista de cosas que Dios odia (Proverbios 6:16-19), pone el mayor énfasis en «el que siembra discordia entre hermanos». ¡Lo llama «abominación»! Eso debería detenerte en seco. Deberías estar examinando tu propia vida en este preciso instante para ver si eres culpable de algo que el Dios todopoderoso odia tanto. Si puedes leer fortuitamente el siguiente párrafo, tienes un problema grave.

Soy culpable de haber sembrado discordia. Incluso ahora, mientras estudio todos estos pasajes sobre la división, me avergüenza mi falta de remordimiento. Solo un Dios redentor con una gracia más allá de toda comprensión podría ser tan paciente conmigo y seguir usándome para enseñar acerca de la unidad. He pasado la mayor parte de mi vida cristiana deseando que no existieran ciertos grupos de cristianos. Incluso tuve la audacia de orar por la muerte de ciertas personas porque pensé que su eliminación beneficiaría a su reino en la tierra. Yo no era solo una típica persona arrogante. ¡Eso es material de otro nivel! Piensa en el orgullo que requiere presentarse ante un Dios omnisciente para hablarla de ese tipo de ideas.

Me apresuré a etiquetar a las personas como falsos maestros y les advertía a los creyentes que mantuvieran la distancia de ellos. Aun cuando hay momentos en los que se debe advertir a los demás sobre los falsos maestros, también hay un momento para que hagas tu tarea. Al ser demasiado rápido para juzgar, he cometido errores costosos. Asumí la conducta que era popular en mi círculo teológico, atacando a hombres y mujeres que ahora sé que son hijos amados de Dios. Proverbios describe esto como más que un «error». Todo eso fue una «abominación» para él.

Tal vez fui lo suficientemente astuto como para abstenerme de difamarlos abiertamente en público, pero estoy seguro de que la actitud de mi corazón salió de mi boca. Ninguno de nosotros es tan bueno fingiendo amor como creemos. Además, solo porque mis declaraciones no fueron hechas en público no significa que Dios las detestara menos. Él escuchó cada palabra desagradable que se decía en privado acerca de uno de sus hijos. Eso, realmente, no fue en privado, y dudo que hubiera dicho esas cosas si hubiera estado consciente de la presencia de su Padre en ese lugar. A veces, las conversaciones secretas son las más peligrosas. Siembran una división profundamente arraigada en una persona, que luego transmite la calumnia. Eso es un discipulado impío. Dios lo odia.

¡Alabado sea Dios por la cruz! Ahora sería un momento apropiado para adorarlo por su misericordia. Todos mis actos abominables fueron puestos sobre Jesús en la cruz. Jesucristo murió para pagar nuestras divisiones y llevarnos hacia la unidad.

El Hijo murió para unirnos

¿Cómo podemos, tantos de nosotros, ignorar la importancia de la unidad cuando es algo tan significativo de la cruz? Jesús sufrió y murió para unirnos con el Padre y para unirnos entre nosotros. Despreciar la unidad es menospreciar la cruz. Al hablar de la forma en que los romanos comían sus controversiales alimentos sin considerar cómo afectaba a sus hermanos en la fe, Pablo dice que esos cristianos en realidad estaban «destruyendo a aquel por quien Cristo murió» (Romanos 14:15). ¡No podría haberlo dicho con más fuerza! Él se basa en la misma verdad que explica con sumo detalle en Efesios:

> *Pero ahora en Cristo Jesús, a ustedes que antes estaban lejos, Dios los ha acercado mediante la sangre de Cristo. Porque Cristo es nuestra paz: de los dos pueblos ha hecho uno solo, derribando mediante su sacrificio el muro de enemistad que nos separaba, pues anuló la ley con sus mandamientos y requisitos. Esto lo hizo para crear en sí mismo de los dos pueblos una nueva humanidad al hacer la paz, para reconciliar con Dios a ambos en un solo cuerpo mediante la cruz, por la que dio muerte a la enemistad. Él vino y proclamó paz a ustedes que estaban lejos y paz a los que estaban cerca. Pues por medio de él tenemos acceso al Padre por un mismo Espíritu. Por lo tanto, ustedes ya no son extraños ni extranjeros, sino conciudadanos de los santos y miembros de la familia de Dios, edificados sobre el fundamento de los apóstoles y los profetas,*

siendo Cristo Jesús mismo la piedra angular. En él todo el edificio, bien armado, se va levantando para llegar a ser un templo santo en el Señor. En él también ustedes son edificados juntamente para ser morada de Dios por su Espíritu.

—Efesios 2:13-22

Todos en el cielo miran a Jesús asombrados. Miles de años después de creer por primera vez, continúan maravillándose con él. «Digno es el Cordero, que ha sido sacrificado» (Apocalipsis 5:12). Las personas que alguna vez se odiaron entre sí alaban al unísono. Un acto sagrado los pone de rodillas en adoración, donde se encuentran arrodillados junto a aquellos que solían repeler.

En esta sección del escrito, estoy escribiendo y borrando, escribiendo y borrando. Y se debe a que no hay nada que agregar a Efesios 2:13-22. No hay nada confuso en el pasaje que deba explicarse. Lo dice todo y claro. Por favor, léelo de nuevo poco a poco y en oración. Es algo sobrenatural y debería llevarte a un momento de profunda alabanza y arrepentimiento.

El Espíritu se aflige por nuestras divisiones

La mayoría de los cristianos saben que el Espíritu Santo es una persona pero, aun conscientes de ello, tienden a tratarlo como a una fuerza impersonal. Hay mucha discusión sobre lo que él hace y lo que no hace, así como también muchos debates sobre lo que las Escrituras dicen acerca de él. No obstante, veo que falta una cosa en la mayoría de esas discusiones sobre el Espíritu Santo: el temor.

Medita en las últimas veces que hablaste sobre el Espíritu Santo. ¿Hubo reverencia en tu tono cuando te atreviste a hablar de un Dios que es mucho más poderoso de lo que imaginas? ¿Hablaste con una humildad que mostraba que sus caminos van más allá de tu entendimiento? Estoy muy avergonzado por haber participado en debates casuales e incluso arrogantes acerca del Espíritu Santo. He hablado de él como si yo fuera una especie de experto en él. Reflexiona en el nivel de orgullo e ignorancia que requiere el ser humano para pensar que puede hablar como un experto en el Espíritu Santo. ¡Eso es absolutamente ridículo! Gracias, Señor, por tu misericordia.

Del trono salían relámpagos, estruendos y truenos. Delante del trono ardían siete antorchas de fuego, que son los siete espíritus de Dios.

—Apocalipsis 4:5

No tengo idea de cómo será la primera vez que vea a Jesús, ni mucho menos de cómo será mi primer encuentro con el Espíritu Santo. Incluso el solo hecho de intentar imaginarlo se siente como si uno estuviera caminando en tierra santa. Hablar de él es algo muy sagrado.

Recuerdo la primera vez que leí que el Espíritu Santo podía entristecerse (Efesios 4:30). Eso me confundió. Yo era una de esas personas que no trataban al Espíritu Santo como Persona, aunque sabía teológicamente que lo era. Incluso en los tiempos en que estuve plenamente consciente de su personalidad, asumí que su poder infinito le impedía afligirse. Sin embargo, la Escritura refuta eso.

> *Eviten toda conversación obscena. Por el contrario, que sus palabras contribuyan a la necesaria edificación y sean de bendición para quienes escuchan. No agravien al Espíritu Santo de Dios, con el cual fueron sellados para el día de la redención. Abandonen toda amargura, ira y enojo, gritos y calumnias, y toda forma de malicia.*
>
> —Efesios 4:29-31

Jesús murió para pagar por nuestro divisionismo y llevarnos hacia la unidad.

El Espíritu Santo se aflige. Es más, el apóstol Pablo habla de la aflicción que padece el Espíritu Santo en el contexto de nuestras palabras y acciones divisivas. ¿Alguna vez has pensado seriamente en la verdad de que tus palabras podrían entristecer a un Dios santo? Esto debería afectarnos de una manera muy profunda.

Si el Espíritu se entristece y el Espíritu habita en mí, yo sentiría ese dolor. No puedes separarlo y decir: «Bueno, el Espíritu está apenado, pero yo estoy bien. No tengo por qué sufrir».

Existe un problema verdaderamente grave si el Espíritu está afligido por nuestras divisiones y, a pesar de ello, nosotros nos sentimos bien.

Jesucristo murió para pagar nuestras divisiones y llevarnos hacia la unidad.

Ayúdame a sentir lo que tú sientes

Hasta hace poco, el Señor me ha dado más sabiduría para orar: «Ayúdame a sentir lo que tú sientes», le digo. Al leer la Biblia, me di cuenta de que hay muchos casos —en las Escrituras— en que las personas piadosas sintieron lo que Dios sintió y las impías ni se dieron por enterados. Dios nunca ha sido un Dios que simplemente quiso que creyéramos las verdades establecidas en la Biblia a nivel intelectual ni que solo obedeciéramos los mandamientos de mala gana. Dios quiere sentir amor verdadero por parte de nosotros, ese tipo de amor en el que te conviertes en alguien tan perfecto que comienzas a sentir lo que él siente. De hecho, esta es una de las razones por las que el Espíritu habita en nosotros. Su morada en nosotros crea una unidad inseparable. Cuanto más se entrelaza tu espíritu con el de Dios, más sentirás lo que él siente, más amarás lo que él ama y más te afligirá por lo que lo entristece.

Ezequiel 9:4 y Apocalipsis 9:4, curiosamente, hablan de Dios marcando la frente de su pueblo para que estén protegidos de los juicios que caerán sobre el resto de la humanidad. Esto es similar a lo que sucedió en Egipto cuando el ángel destructor pasó sobre las casas selladas con la sangre del cordero. Necesitamos prestar atención a esos patrones en las acciones de Dios. Observa la manera en que Ezequiel describe a aquellos que fueron sellados:

> *Y le dijo: «Recorre la ciudad de Jerusalén, y coloca una señal en la frente de quienes giman y hagan lamentación por todos los actos detestables que se cometen en la ciudad». Pero oí que*

a los otros les dijo: «Síganlo. Recorran la ciudad y maten sin
piedad ni compasión. Maten a viejos y a jóvenes, a mucha-
chas, niños y mujeres; comiencen en el templo, y no dejen a
nadie con vida. Pero no toquen a los que tengan la señal».
Y aquellos hombres comenzaron por matar a los viejos que
estaban frente al templo.

—Ezequiel 9:4-6

Los que escaparon de la ira de Dios fueron los que «gemían y hacían lamentación por todos los actos detestables que se cometían en la ciudad». El sello estaba reservado para aquellos cuyos corazones coincidían con los de Dios en suspirar y gemir por los pecados que los rodeaban.

Lot era un personaje interesante en el Antiguo Testamento, pero Pedro también habla de su alma entristecida:

Por otra parte, [Dios] libró al justo Lot, que se hallaba abru-
mado por la vida desenfrenada de esos perversos, pues este
justo, que convivía con ellos y amaba el bien, día tras día
sentía que se le despedazaba el alma por las obras inicuas que
veía y oía.

—2 Pedro 2:7-8

Estaba «muy angustiado» por el pecado del mundo que lo rodeaba. Su «alma justa» se le despedazaba. Nosotros también pasamos nuestros días en una época muy impía. No podemos permitir que nuestras almas se vuelvan indiferentes o insensibles al mal que nos rodea. Aunque es más fácil ignorar lo que sucede en el mundo, Dios estaba complacido con Lot porque permitió que su alma fuera abrumada. Él sintió lo que Dios sentía.

Sígueme en esto. Dios le ordenó a Ezequiel que gimiera «con el corazón quebrantado y con amargura» por lo que le estaba sucediendo a su pueblo (Ezequiel 21:6). A través del profeta Sofonías, Dios prometió reunir al remanente de su pueblo que se lamentaba por la iniquidad de la tierra (3:18). En Apocalipsis, alabó a la iglesia de Éfeso porque «aborreces las prácticas de los nicolaítas, las cuales yo también aborrezco» (2:2-6). Nehemías lloró por la ruina de la ciudad y el pueblo de Dios (Nehemías 1:4; 2:2-3), y David «derramó lágrimas» porque la gente no estaba guardando la ley de Dios (Salmos 119:136). Al final del libro de Jonás, Dios confrontó a su renuente profeta porque no estaba dispuesto a compartir la compasión que Dios tenía por la descarriada nación de Nínive (4:10-11). Amós reprendió al pueblo por pasarla bien y, a la vez, rehusarse a lamentarse por la ruina del pueblo de Dios (6:4-6).

A veces, cuando Lisa y yo vemos una película juntos, tenemos reacciones muy diferentes. ¡Es exasperante estar totalmente aburrido con una película y luego mirar a Lisa para ver que está llorando!

Creo que algo así sucede a menudo entre Cristo y su Novia. Dios nos ha indicado lo que más le interesa. Nos ha explicado las cosas que realmente le causan dolor, las que le hacen llorar. Y, sin embargo, aquí estamos, haciendo caso omiso de la unidad por la que su Hijo dio su vida con el objeto de salvarnos y nosotros seguimos atacándonos unos a otros por cosas que son irrelevantes.

Este escenario ocurre todo el tiempo. Las cosas que nos molestan no son las que desagradan a Dios. Mientras tanto, él está perturbado por cosas a las que parecemos indiferentes.

Dios, ayúdanos a sentir lo que tú sientes. Alinea nuestros deseos con los tuyos.

Capítulo 2

La unidad es lo que tú quieres

Todos hemos visto videos que muestran la pequeñez de la Tierra en comparación con el sol, las estrellas, el sistema solar, las galaxias... Ahora imagina a un Ser que abre su boca y hace que todo eso aparezca al instante. Cierra los ojos otra vez e intenta sondear el poder de ese momento.

Ahora imagínate que ese Ser entra en tu cuerpo.

Eso es lo que sucede en el momento de la verdadera fe. Muchos de ustedes han sido engañados al creer que la salvación es un simple instante en el que afirman creer en la crucifixión y en la resurrección, lo que —en consecuencia— les ayuda a escapar de la ira de Dios. Si ese es tu caso, entonces has perdido el meollo del Nuevo Testamento. Nacer de nuevo no es solo una operación única para luego esperar la muerte y experimentar los resultados. De lo que se trata todo eso es de experimentar la vida de Dios aquí y ahora.

Un Dios que se desliza dentro de una persona sin causar ningún efecto notable no parece ser un Dios digno de adoración. Eso no describe al Dios sobre el que leí en las Escrituras. Por el contrario, adoro a un Dios cuyo poder de resurrección da vida a los muertos y da muerte a las cosas que le repugnan.

... y cuán incomparable es la grandeza de su poder a favor de los que creemos. Ese poder es la fuerza grandiosa y eficaz que Dios ejerció en Cristo cuando lo resucitó de entre los muertos y lo sentó a su derecha en las regiones celestiales, muy por encima de todo gobierno y autoridad, poder y dominio, y de cualquier otro nombre que se invoque, no solo en este mundo, sino también en el venidero. Dios sometió todas las cosas al dominio de Cristo, y lo dio como cabeza de todo a la iglesia. Esta, que es su cuerpo, es la plenitud de aquel que lo llena todo por completo.

—Efesios 1:19-23

Y, si el Espíritu de aquel que levantó a Jesús de entre los muertos vive en ustedes, el mismo que levantó a Cristo de entre los muertos también dará vida a sus cuerpos mortales por medio de su Espíritu, que vive en ustedes. Por tanto, hermanos, tenemos una obligación, pero no es la de vivir conforme a la naturaleza pecaminosa. Porque, si ustedes viven conforme a ella, morirán; pero, si por medio del Espíritu dan muerte a los malos hábitos del cuerpo, vivirán. Porque todos los que son guiados por el Espíritu de Dios son hijos de Dios.

—Romanos 8:11-14

Espero que todo esto te haya conmocionado. Oro que estos versículos te permitan caminar con confianza, seguro de que tienes el poder de la resurrección para vencer cualquier cosa. Pedro nos dice que nos convertimos en «participantes de la naturaleza divina» (2 Pedro 1:4). Sumérgete en eso.

¡Somos guiados por un Dios que desea la unidad! Esa es la razón por la que los verdaderos creyentes tienden a unificarse. Compartimos un milagro común. Estábamos debilitados y muertos; pero todo cambió. Experimentamos una gracia que nos deja sin palabras. Imagínate que un extraño al azar y tú están acobardados por el dolor porque contrajeron una enfermedad mortal. Ahora estás ciego, gritas de dolor y estás al borde de la muerte. Un hombre se acerca a los dos y los cura de manera milagrosa, les devuelve la vista y les entrega mil millones de dólares a cada uno. Imagínense la mirada que se darían el uno al otro al recibir el regalo. Esa es la expresión de conmoción que debería unir a los creyentes. Deberíamos mirarnos el uno al otro con una mirada que diga: «¿Qué cosa nos acaba de suceder? ¡Pasamos de enemigos de Dios a hijos de Dios! ¡Nuestro destino eterno acaba de cambiar! ¡Y EL DIOS VIVO ACABA DE ENTRAR EN NUESTROS CUERPOS!».

¿Por qué los cristianos no se miran unos a otros con una mirada como esa? ¿Será posible que no hayamos experimentado tal milagro? Si lo hubiéramos hecho, ¿no estaríamos tan contentos por eso que apenas notaríamos nuestras diferencias?

La división inevitable

En primer lugar, oigo decir que cuando se reúnen como iglesia hay divisiones entre ustedes, y hasta cierto punto lo creo. Sin duda, tiene que haber grupos sectarios entre ustedes, para que se demuestre quiénes cuentan con la aprobación de Dios.

—1 Corintios 11:18-19

Pablo les dice a los corintios que la división en su caso era inevitable puesto que algunos de ellos eran creyentes falsos. Los creyentes genuinos estaban destinados a sobresalir. El apóstol Juan también habla de eso. Explica que algunas divisiones ocurren porque no todos los que asisten a nuestras reuniones son realmente parte de nosotros. «Aunque salieron de entre nosotros, en realidad no eran de los nuestros; si lo hubieran sido, se habrían quedado con nosotros. Su salida sirvió para comprobar que ninguno de ellos era de los nuestros» (1 Juan 2:19). A lo largo de la carta, Juan advierte que todo el que dice ser cristiano, pero no muestra ningún cambio de comportamiento es un mentiroso. Estos versículos deberían aterrorizar a cualquiera que se haya sentido seguro en una fe que no produce obras. Lee los siguientes versículos con esta pregunta presente: Cuando una persona experimenta la salvación, ¿debemos esperar que su vida cambie?

Si afirmamos que tenemos comunión con él, pero vivimos en la oscuridad, mentimos y no ponemos en práctica la verdad.

—1 Juan 1:6

¿Cómo sabemos si hemos llegado a conocer a Dios? Si obedecemos sus mandamientos. El que afirma: «Lo conozco», pero no obedece sus mandamientos, es un mentiroso y no tiene la verdad. En cambio, el amor de Dios se manifiesta plenamente en la vida del que obedece su palabra. De este modo sabemos que estamos unidos a él: el que afirma que permanece en él debe vivir como él vivió.

—1 Juan 2:3-6

El que afirma que está en la luz, pero odia a su hermano, todavía está en la oscuridad. El que ama a su hermano permanece en la luz, y no hay nada en su vida que lo haga tropezar.

—1 Juan 2:9-10

Todo el que permanece en él no practica el pecado. Todo el que practica el pecado no lo ha visto ni lo ha conocido … Así distinguimos entre los hijos de Dios y los hijos del diablo: el que no practica la justicia no es hijo de Dios; ni tampoco lo es el que no ama a su hermano.

—1 Juan 3:6, 10

Nosotros sabemos que hemos pasado de la muerte a la vida porque amamos a nuestros hermanos. El que no ama permanece

*en la muerte. Todo el que odia a su hermano es un asesino, y
ustedes saben que en ningún asesino permanece la vida eterna.*

—1 Juan 3:14-15

*Si alguien que posee bienes materiales ve que su hermano está
pasando necesidad, y no tiene compasión de él, ¿cómo se puede
decir que el amor de Dios habita en él? Queridos hijos, no
amemos de palabra ni de labios para afuera, sino con hechos
y de verdad.*

—1 Juan 3:17-18

*Queridos hermanos, amémonos los unos a los otros, porque el
amor viene de Dios, y todo el que ama ha nacido de él y lo
conoce. El que no ama no conoce a Dios, porque Dios es amor.*

—1 Juan 4:7-8

*Nosotros amamos porque él nos amó primero. Si alguien afirma:
«Yo amo a Dios», pero odia a su hermano, es un mentiroso; pues
el que no ama a su hermano, a quien ha visto, no puede amar a
Dios, a quien no ha visto. Y él nos ha dado este mandamiento:
el que ama a Dios, ame también a su hermano.*

—1 Juan 4:19-21

*Así, cuando amamos a Dios y cumplimos sus mandamientos,
sabemos que amamos a los hijos de Dios. En esto consiste el
amor a Dios: en que obedezcamos sus mandamientos. Y estos
no son difíciles de cumplir.*

—1 Juan 5:2-3

Juan usa un lenguaje severo para establecer un punto sencillo, aunque vital: ser cristiano no tiene que ver con hacer una afirmación acerca de la religión a la que se suscribe. Ser cristiano significa que Cristo ha entrado en ti, te ha llenado de su amor y está derramando su vida, a través de ti, a las personas que te rodean.

Si has experimentado el amor transformador de Jesús, rebosarás de amor por Dios y por los demás. Es así de simple. Si eres propenso a la división y a la desunión, si te cuesta amar a tus hermanos y hermanas, entonces tienes que hacerte la pregunta: ¿Ha entrado, realmente, su Espíritu en mí?

Si estos pasajes te crean inseguridad, no sigas adelante. Agarra tu Biblia y lee el Primer Libro de Juan. Puedes leerlo completo en menos de diez minutos. Juan explica que él escribió esas palabras para que la verdadera unidad pudiera surgir (1 Juan 1:3). Esas palabras estaban destinadas a traer gozo y la seguridad de nuestra salvación. Si, por el contrario, hacen que te preocupes y dudes, oro para que todo cambie a medida que leas.

Lo peor que puedes hacer es ponerte a la defensiva en cuanto a este punto. Sería una tontería explicar por qué Juan se equivocó y tu salvación —a pesar de la ausencia de cambios en tu vida— fue real. Estamos hablando de la diferencia entre la eternidad en el cielo o en el infierno. Incluso la persona más arrogante debería verse obligada a examinarse francamente por la gravedad de esto. Puedes recordar el momento de tu «conversión»: las lágrimas, las emociones. Recuerda que el consejero te garantizó que tu profesión de fe era prueba de que tenías esa fe. Mi experiencia fue la misma. No digo que no fuera real. Estoy diciendo que, si lo hubiera sido, Juan afirma que también se produciría un cambio de vida posterior.

Ser cristiano significa

que Cristo ha entrado en ti,

te ha llenado de su amor

y está derramando su vida,

a través de ti, a las personas

que te rodean.

Asegúrate de tu salvación

Recuerdo que oré alguna versión de la «oración del pecador». Aunque esa oración no se encuentra en ninguna parte de las Escrituras, no es malo hacerla. Ahora bien, es una tontería confiar en eso como evidencia de tu salvación. Yo era un adolescente y mis padres ya estaban muertos cuando pronuncié esa oración. Vi la manera en que la vida podría terminarse de un momento a otro o repentinamente, por lo que necesitaba asegurarme en cuanto a hacia dónde me dirigía si moría en forma inesperada. Oré algo como lo que sigue: «Oh, Dios, sé que he pecado contra ti. Creo que Jesús murió en la cruz para pagar por mis pecados. Por favor, entra en mi vida ahora y hazme el tipo de persona que quieres que sea». Luego, un consejero me aseguró que, en caso de que falleciera, iría directo al cielo.

Todavía recuerdo los versículos que usaban los consejeros después del llamado al altar.

Mira que estoy a la puerta y llamo. Si alguno oye mi voz y abre la puerta, entraré, y cenaré con él, y él conmigo.
—Apocalipsis 3:20

Les escribo estas cosas a ustedes que creen en el nombre del Hijo de Dios, para que sepan que tienen vida eterna.
—1 Juan 5:13

Me dijeron que Jesús estaba llamando a la puerta de mi corazón. Que si creía en la obra que hizo en la cruz y lo dejaba entrar en mi corazón, podría estar seguro de que algún día iría al cielo. No niego que haya un montón de verdad en esa declaración. ¡Alabado sea Dios por su obra consumada en la cruz! Aquellos de nosotros que confiamos en él realmente seremos salvos. Esto es una gran verdad. Sin embargo, lo que también es cierto es que la fe genuina debe resultar en un cambio de vida. Si la operación fue real, la transformación también habrá de serlo.

Mi consejero falló al no hablarme del contexto de esos versículos. Como vimos anteriormente, 1 Juan 5:13 solo puede tomarse en contexto con el resto del Libro de la Primera Epístola de Juan. Todo el libro trata acerca de las características de un verdadero creyente, por lo que —en el capítulo quinto— Juan explica que todo eso fue escrito para que «sepas que tienes vida eterna». ¿Cómo puedes saberlo? ¡Al ver en ti mismo las características mencionadas en los primeros cinco capítulos! Jesús, en Apocalipsis 3, le está hablando a la persona que es «tibia». Describe a esa persona como «miserable, pobre, ciega y desnuda». Explica que esta persona, al final, será vomitada de su boca. Jesús está llamando a la puerta, llamándole a que se arrepienta y sea verdaderamente salvo. Lee el pasaje tú mismo. ¡La persona tibia no se salva! Hago hincapié en esto porque no puedo decirles cuántas veces he escuchado a la gente hablar casualmente o incluso en broma sobre su tibieza. No lo entiendo. ¿No comprendes que con tu reconocimiento estás admitiendo que no eres salvo y que pronto enfrentarás la ira de Dios? No importa cuán claramente lo diga, la gente todavía se describe a sí misma como tibia sin miedo aparente en su voz.

La comunión de los tibios

Mientras creamos que existen los cristianos tibios, nunca tendremos unidad. Lo diré de nuevo: ¡las personas tibias no son cristianas! No soy yo quien dice eso. Lee Apocalipsis 3. Insisto, es *por eso que* Cristo está llamando a la puerta. ¡Te está pidiendo que lo dejes entrar porque todavía no está en ti! Todavía estás en la oscuridad. La luz no puede tener compañerismo con las tinieblas (2 Corintios 6:14).

Todavía hay demasiadas personas en la tierra que creen genuinamente que pueden ser salvas por la muerte expiatoria de Cristo sin seguirlo como su Señor. Como se explicó varias veces en el capítulo, estas no son personas salvas. Debido a que muchas de ellas se llaman a sí mismas cristianas, el tema de la unidad cristiana es confuso. Siempre que haya personas que se nieguen a rendirse tratando de volverse perfectamente uno con aquellos que con gusto dan toda su vida a Cristo, habrá un caos total. Los que no se rindieron siempre estarán en desacuerdo con los seguidores de Cristo, presionando para que sus pecados sean pasados por alto y luchando por sus propios deseos en maneras impías.

Las personas tibias pueden tener comunión muy bien con otras personas tibias. Pueden sentarse a consolarse mutuamente en cuanto a sus pecados. Pueden tener estudios bíblicos, grupos de apoyo y hablar sobre cómo las personas pueden salvarse con poco o ningún fruto en sus vidas. Después de todo, Dios obra de manera distinta en diferentes personas. Pueden hablar de iglesias anteriores que los decepcionaron, que les hicieron pecar y que por eso huyeron de

Dios. Encuentran un terreno común al juzgar a los radicales que se atreven a pensar que Cristo insta a todos a negarse a sí mismos y a tomar sus cruces. Pueden hacer una exégesis de pasajes juntos, cantar juntos, tomar la comunión y aconsejarse mutuamente. Incluso pueden unirse contra aquellos que todavía creen que los mandamientos de las Escrituras siguen siendo válidos hoy.

Cuando la unidad es fácil

De la misma manera, la unidad de los que se rinden es casi sin esfuerzo. Siempre que conozco personas que se asemejan a un «sacrificio vivo» (Romanos 12:1), después de haber sufrido por el evangelio, estoy dispuesto a sacrificarme por ellos. Siento una afinidad y un vínculo inmediatos en el Espíritu. Sus vidas se parecen a la vida de Cristo. Amarlos y servirlos es un honor porque siento que estoy sirviendo al propio Cristo. Los creyentes perseguidos no tienen que trabajar demasiado para sentir un vínculo profundo entre ellos.

Todos hemos conocido personas que están tan llenas del Espíritu que parecen resplandecer. Su intimidad con Cristo es manifiesta. Hacen que uno evoque el rostro resplandeciente de Moisés, después que estuvo con Dios, al bajar del monte. Cuando esas personas llenas de gozo se encuentran, se turnan para hablar acerca de la manera en que Dios los ha bendecido. Dios es el héroe de todas sus historias y la comunión fluye sin esfuerzo alguno. Es extrañísimo encontrar personas desbordantes de paz y de gozo en Cristo que tengan conflictos entre sí. No he visto eso nunca.

Los verdaderos creyentes pueden tener unidad y las personas tibias, que insisten en calificarse de cristianos, también pueden tener unidad. Los problemas surgen cuando intentamos aunarnos. A los que han sido perseguidos por causa de Cristo les resultará imposible intentar tener comunión con los que creen que el evangelio siempre debe traer prosperidad. Aquellos que aman la pureza nunca pueden tener paz con los que constantemente dicen cosas como: «Estoy seguro de que a Dios no le importa si...». Los que se arriesgan por el evangelio nunca entenderán a las personas que les ruegan que no lo hagan. Aquellos que experimentan y muestran el amor de Cristo siempre lucharán con aquellos que solo hablan de eso superficialmente.

Por qué Zaqueo y el joven rico iban a iglesias distintas

Los capítulos 18 y 19 del Evangelio según San Lucas describen a Jesús y sus encuentros con dos hombres ricos. Aparte de ser turbiamente ricos, tenían poco en común.

En Lucas 18, Jesús se encuentra con un hombre que era un joven gobernante rico. El hombre se acerca a Jesús y le hace la pregunta que todos desearíamos que nos hicieran nuestros amigos: «¿Qué debo hacer para heredar la vida eterna?». Jesús respondió de manera diferente a lo que cualquiera de nosotros respondería. Después de recordarle los mandamientos, le dijo: «Todavía te falta una cosa: vende todo lo que tienes y repártelo entre los pobres, y tendrás tesoro en el cielo. Luego ven y sígueme». Se nos dice que

Si has experimentado
el amor transformador
de Jesús, rebosarás de amor
por Dios y por los demás.
Es así de simple.

el gobernante rico se fue triste, porque era extremadamente rico. Aquel pobre hombre rico no vio la valía de Jesús.

En el siguiente capítulo, Jesús sorprende al recaudador de impuestos Zaqueo (y a todos en Jericó) al autoinvitarse a ser huésped en la casa de Zaqueo. Este recibe a Jesús con alegría y, aparentemente sin que Jesús se lo insinúe, anuncia que les dará la mitad de todo su dinero a los pobres y que les devolverá cuatro veces lo que defraudó a la gente a la que engañó. Zaqueo estaba tan rebosante de felicidad por el hecho de que Jesús iba a entrar en su casa que *quería* sacrificarse por él.

Ahora, imagínate lo que sucedería si esos dos hombres estuvieran juntos, en un mismo grupo, confraternizando. El joven gobernante rico explicaría su encuentro con Jesús y su frustración porque este no se mostró satisfecho con la cantidad que él ya ha sacrificado. Acaso ¿no es capaz Jesús de apreciar los años que él ha pasado siguiendo estricta y fielmente a la ley? Las otras personas comenzarían a consolarlo: «Por supuesto que Jesús aprecia esas cosas. No se refería literalmente a *todas* tus posesiones; eso no indicaría lo que es una buena administración». Cuando Zaqueo intenta intervenir, para hablar algo acerca de su experiencia y por qué cree que Jesús lo vale todo, lo etiquetan de radical y tal vez incluso lo consideren farisaico.

Al fin, Zaqueo se desanima y se va. En su espíritu, desea la unidad con el cuerpo de creyentes. Pero no puede haber comunión mientras él está en la luz y ellos todavía están atrapados en la oscuridad. Si no siguen al mismo Señor, no pueden caminar juntos.

Santificación vs. Rendición

Quizás te preguntes: «¿No se trata la vida cristiana de un proceso de santificación? Nadie vive de repente una vida perfectamente santa en el momento en que comienza a seguir a Jesús. La madurez es un proceso. No podemos, simplemente, alejarnos de los bebés cristianos, ¿no es así?».

Hay mucha verdad en esto. La santificación es, en realidad, un proceso; pero el problema surge cuando comenzamos a equiparar la santificación con la entrega. El resultado de la santificación es que se entregará más plena, fácil y gozosamente que si ella no existiera. Pero es un error creer que la entrega es el distintivo de la madurez y no un requisito para la salvación. Analiza las palabras de Jesús a los que habrían de seguirlo:

> *Dirigiéndose a todos, declaró:*
> *—Si alguien quiere ser mi discípulo, que se niegue a sí mismo, lleve su cruz cada día y me siga. Porque el que quiera salvar su vida la perderá; pero el que pierda su vida por mi causa la salvará.*
> *—Lucas 9:23-24*

> *Iban por el camino cuando alguien le dijo:*
> *—Te seguiré a dondequiera que vayas.*
> *—Las zorras tienen madrigueras y las aves tienen nidos —le respondió Jesús—, pero el Hijo del hombre no tiene dónde recostar la cabeza.*

A otro le dijo:

—Sígueme.

—Señor —le contestó—, primero déjame ir a enterrar a mi padre.

—Deja que los muertos entierren a sus propios muertos, pero tú ve y proclama el reino de Dios —le replicó Jesús.

Otro afirmó:

—Te seguiré, Señor; pero primero déjame despedirme de mi familia. Jesús le respondió:

—Nadie que mire atrás después de poner la mano en el arado es apto para el reino de Dios.

—Lucas 9:57-62

Grandes multitudes seguían a Jesús, y él se volvió y les dijo: «Si alguno viene a mí y no sacrifica el amor a su padre y a su madre, a su esposa y a sus hijos, a sus hermanos y a sus hermanas, y aun a su propia vida, no puede ser mi discípulo. Y el que no carga su cruz y me sigue, no puede ser mi discípulo. Supongamos que alguno de ustedes quiere construir una torre. ¿Acaso no se sienta primero a calcular el costo, para ver si tiene suficiente dinero para terminarla? Si echa los cimientos y no puede terminarla, todos los que la vean comenzarán a burlarse de él, y dirán: "Este hombre ya no pudo terminar lo que comenzó a construir". O supongamos que un rey está a punto de ir a la guerra contra otro rey. ¿Acaso no se sienta primero a calcular si con diez mil hombres puede enfrentarse al que viene contra él con

*veinte mil? Si no puede, enviará una delegación mientras
el otro está todavía lejos, para pedir condiciones de paz. De
la misma manera, cualquiera de ustedes que no renuncie a
todos sus bienes, no puede ser mi discípulo».*

—Lucas 14:25-33

No hay problema con que el cristiano acepte a Jesús como
Salvador, el asunto es que el cristiano luche con decidir si Cristo
puede ser su Señor o no. Hemos creado una categoría de «cristianos» que no existe. El verdadero creyente debe reconocer y
aceptar a Jesús como Señor.

Eso no significa que los verdaderos creyentes no luchen o que
no estarán continuamente poniendo cosas a los pies de Jesús por
el resto de sus vidas. Pero en el fondo, tiene que haber un deseo
de llegar a ser más como Jesús y una disposición a sacrificarse por
amor a él. El asunto aquí tiene que ver con estar en el camino
hacia la perfección. Aunque el creyente terrenal no ha llegado
aún a su final, hay señales claras de que está progresando. Si vas
conduciendo tu auto desde San Francisco a Nueva York, cada vez
más deberías encontrarte más cerca de tu destino.

Algunas personas se encuentran en las etapas iniciales de ese
viaje mientras que otras avanzan muy lentamente. Las Escrituras
nos ordenan a aquellos de nosotros que somos fuertes a soportar
con paciencia a esas personas y a edificarlas en amor. Cuando
tropiecen, debemos restaurarlos con un Espíritu de mansedumbre. Si son realmente parte del Cuerpo, tenemos la obligación de
sustentarlos, cuidarlos y de reconocer nuestra necesidad de ellos.

Eso, en realidad, a veces será frustrante. El objetivo de esta sección no es —en ninguna manera— quitarle esa responsabilidad a nadie ni promover un espíritu de celo moralista.

Hay una hermosa unidad —que honra a Dios— que puede y debe manifestarse entre los creyentes más débiles y los más fuertes, los más nuevos y los más viejos. Hay que luchar por esa unidad. El resultado será una maravillosa edificación mutua. Sin embargo, creo que hay muchas personas en las iglesias que no siguen verdaderamente a Jesús, con las cuales es imposible que haya unidad. Es responsabilidad nuestra confrontarlos con amor e instarlos a elevar más su llamado. Pero si permanecen inalterables —sin mostrar cambio alguno—, no es nuestra responsabilidad —*nunca*— minimizar los requisitos para alcanzar la unidad.

«El que tiene oídos para oír, oiga» era una frase que Jesús usaba a menudo. Lo que quería decir con ella era que no todos eran capaces de escuchar su mensaje. Solo sus ovejas podrían escuchar su voz y acudir a él corriendo (Juan 10:3-5). Incluso en estos tiempos, cuando él insta a su Novia para que se una a la perfección, sus ovejas lo escucharán. Muchos de los que leen esto han leído Hechos 4:32-35 y desearían que la iglesia pudiera actuar así otra vez. Quieres esto porque él quiere esto y porque él habita en ti.

Y la multitud de los que habían creído era de un corazón y un alma; y ninguno decía ser suyo propio nada de lo que poseía, sino que tenían todas las cosas en común. Y con gran poder los apóstoles daban testimonio de la resurrección del Señor Jesús, y abundante gracia era sobre todos ellos. Así que no había

entre ellos ningún necesitado; porque todos los que poseían
heredades o casas, las vendían, y traían el precio de lo vendido,
y lo ponían a los pies de los apóstoles; y se repartía a cada uno
según su necesidad.

—Hechos 4:32-35

Muchos de nosotros, en la actualidad, envidiamos a los cristianos de la iglesia primitiva; aquellos que experimentaron que «la multitud de los que habían creído era de un corazón y un alma». Soñamos con vivir en esos días cuando había una iglesia llena de personas que se amaban profundamente y a las que no les interesaban sus cosas en absoluto. Somos las mismas personas cuyos corazones se quebrantan cuando leemos la historia de la iglesia sobre su primera división en el año 1054 d. C. Durante más de mil años, solo hubo una iglesia. Tenía sus problemas, pero el mundo solo veía una iglesia. Después de esa división, se convirtieron oficialmente en dos facciones que se excomulgaron entre sí. ¡Algunos de nosotros detestamos eso y desearíamos que nunca sucediera! Años más tarde, hubo tres grupos cristianos, luego cuatro y cada división adicional hizo que fuera más justificable que el siguiente grupo se escindiera. Miles de denominaciones más tarde, muchos de nosotros hemos tenido suficiente de esto. Estamos cansados de escuchar a diversos maestros explicando por qué tenemos que seguir los grupos que lideran. Queremos ser uno de nuevo. La buena noticia es que Jesús quiere eso aun más que nosotros.

Capítulo 3

La unidad es lo que el mundo necesita

Cuando era joven, las iglesias predicaban sobre el infierno. Para nosotros estaba claro que la Biblia hablaba de un castigo severo por el pecado después de la muerte. Esta verdad nos hizo sentir la urgencia de hablar con las personas acerca de Jesús, que vino a salvarles de ese destino. Creímos que advertirle a cualquier persona sobre el juicio era lo más amoroso que podíamos hacer. Así pensaron los cristianos durante dos mil años.

Entonces ocurrió un cambio. Por el bien de la asistencia a la iglesia, los pastores comenzaron a enseñar sobre temas que la gente quería escuchar, entre los cuales no figuraba el del día del juicio. Definitivamente, no estaba en la lista. Al cabo del tiempo, los pastores que hablaban sobre el juicio venidero fueron etiquetados como expositores que predicaban fuego y azufre intentando asustar a la gente para que creyera en Jesús. El infierno se convirtió en un tema tabú. La gente comenzó a preguntarse si la ira de Dios podría coexistir con su gracia y su amor. Cuando nuestra cultura empezó a cuestionar si era moralmente correcto castigar a alguien, los cristianos comenzaron a plantearse una pregunta similar: ¿Cómo podría castigar un Dios amoroso? Tal como sucede hoy, incluso las iglesias que todavía creen —técnicamente— en el infierno, rara vez hablarán de él. Muchos han abandonado la doctrina por completo. Como no se cree en el infierno la evangelización es escasa.

Ese extravío de una visión ortodoxa del infierno consoló a muchos cristianos puesto que era más congruente con sus estilos de vida. Si realmente creyera en un día del juicio literal con consecuencias eternas, ¿no se lo advertiría desesperadamente a las personas que amo? Pocas personas querían parecer tan radicales o fanáticas. Por eso, en vez de ajustar nuestras vidas, ajustamos nuestra teología. Mientras que algunos tratan de reinterpretar pasajes sobre la ira de Dios, la mayoría simplemente los ignora. De esa manera, todos están felices.

Luego vi un gran trono blanco y a alguien que estaba sentado en él. De su presencia huyeron la tierra y el cielo, sin dejar rastro alguno. Vi también a los muertos, grandes y pequeños, de pie delante del trono. Se abrieron unos libros, y luego otro, que es el libro de la vida. Los muertos fueron juzgados según lo que había hecho, conforme a lo que estaba escrito en los libros. El mar devolvió sus muertos; la muerte y el infierno devolvieron los suyos; y cada uno fue juzgado según lo que había hecho. La muerte y el infierno fueron arrojados al lago de fuego. Este lago de fuego es la muerte segunda. Aquel cuyo nombre no estaba escrito en el libro de la vida era arrojado al lago de fuego.

—Apocalipsis 20:11-15

Dios, que es justo, pagará con sufrimiento a quienes los hacen sufrir a ustedes. Y a ustedes que sufren, les dará descanso, lo mismo que a nosotros. Esto sucederá cuando el Señor Jesús se manifieste desde el cielo entre llamas de fuego, con sus poderosos ángeles, para castigar a los que no reconocen a Dios ni obedecen el evangelio de nuestro Señor Jesús. Ellos sufrirán el castigo de la destrucción eterna, lejos de la presencia del Señor y de la majestad de su poder, el día en que venga para ser glorificado por medio de sus santos y admirado por todos los que hayan creído, entre los cuales están ustedes porque creyeron el testimonio que les dimos.

—2 Tesalonicenses 1:6-10

Engañado

Si las Escrituras describen tan claramente el juicio venidero, ¿cómo pueden tantos individuos que afirman ser cristianos ignorar esos pasajes? La Biblia enseña que tenemos un enemigo real, aunque las encuestas más recientes muestran que la mayoría de los cristianos estadounidenses ya ni siquiera creen en el diablo.[2] Para los propósitos de este capítulo, voy a suponer que eres uno de los que sí creen que existe. ¿No tendría sentido que Satanás quisiera que dudáramos de la llegada del juicio? Es el momento más aterrador o glorioso de la existencia de todo ser humano, sin embargo, le damos poca importancia. Durante estas últimas décadas, Satanás ha hecho un trabajo magistral al distraernos y quitarnos el miedo al juicio. ¿Cuándo fue la última vez que conociste a alguien que le estuviera advirtiendo apasionadamente a la gente acerca del día del juicio?

Porque es necesario que todos comparezcamos ante el tribunal de Cristo, para que cada uno reciba lo que le corresponda, según lo bueno o malo que haya hecho mientras vivió en el cuerpo. Por tanto, como sabemos lo que es temer al Señor, tratamos de persuadir a todos, aunque para Dios es evidente lo que somos, y espero que también lo sea para la conciencia de ustedes.

—2 Corintios 5:10-11

A pesar de los mejores intentos del enemigo, todavía hay un pequeño remanente que, como dice Pablo, conocen «el temor al Señor» y «persuaden a los demás». Aunque parezca que el número está disminuyendo, todavía hay un ejército de aquellos que están terriblemente convencidos de que «comparecerán ante el tribunal de Cristo». Si fueras Satanás, ¿cómo los desanimarías? Sé lo que él haría. Los mantendría alejados de la única cosa que Dios dijo que realmente salvaría a la gente: la unidad.

Pase lo que pase, compórtense de una manera digna del evangelio de Cristo. De este modo, ya sea que vaya a verlos o que, estando ausente, solo tenga noticias de ustedes, sabré que siguen firmes en un mismo propósito, luchando unánimes por la fe del evangelio y sin temor alguno a sus adversarios, lo cual es para ellos señal de destrucción. Para ustedes, en cambio, es señal de salvación, y esto proviene de Dios.

—Filipenses 1:27-28

Aunque la mayor parte del mundo parece dudar ahora de la ira y la destrucción de Dios, la Biblia dice que hay una manera de probar que su juicio está por venir. Si los cristianos difundieran el evangelio sin temor, «*firmes en un mismo propósito, luchando unánimes*», sería una «clara señal para ellos de destrucción para sus adversarios». Por tanto, si soy el enemigo y mi objetivo es hacer que la gente dude del juicio de Dios hasta que sea demasiado tarde, es obvio lo que haría: dividir la iglesia. Eliminar el poder. Desmotivar. Al fin, incluso los más comprometidos, se desanimarán.

Paramédicos que juran

Era un adolescente cuando comprendí lo que Jesús hizo en la cruz. Mi inclinación natural era hablarles a mis amigos sobre el perdón de Dios y advertirles sobre el juicio venidero. Salía de clase para contarle a la gente acerca de Jesús. Es probable que haya llevado a cien amigos a mi grupo de jóvenes con el fin de que escucharan acerca de Jesús. Soñaba con que toda la escuela escuchara el evangelio. Estaba obsesionado con llegar a mis amigos con las buenas noticias. Sin embargo, cuanto más tiempo participaba en la iglesia, menos me enfocaba en la misión. Cada vez pasaba más tiempo con otros cristianos y tenía cada vez menos amigos incrédulos. Rara vez nos animamos unos a otros a actuar como Dios nos lo había ordenado. Nuestra versión del compañerismo derivó en salir a tomar un café y hablar de nuestras familias.

Cuanto más descuidamos nuestra misión, menos posibilidades tenemos de ver la verdadera unidad. Se supone que nuestra misión común nos guiará hacia la unidad. Lisa y yo estamos unidos. No es porque trabajemos en ello, sino porque nos mantenemos enfocados en nuestro propósito en la tierra. Nos mantenemos ocupados en nuestras metas comunes de alcanzar a los no alcanzados, cuidar a los pobres y equipar a los creyentes para el ministerio. El subproducto de perseguir un objetivo común es nuestra unidad. Esto ha sido así durante veintisiete años de un matrimonio extraordinariamente feliz. La unidad es un subproducto de la misión.

Una vez que quitamos nuestros ojos de nuestro llamado y nos miramos a nosotros mismos o a los demás, los conflictos pueden comenzar a aparecer. Esto ha sido cierto no solo con nosotros, sino también con toda nuestra familia e iglesia.

Como un matrimonio que no tiene propósito, muchas iglesias han olvidado el sentido de su existencia. Pueden concentrarse rápidamente en las quejas de su gente más que en el clamor de los perdidos. Nos alarmamos más cuando los cristianos se van a una iglesia diferente que cuando las personas mueren y van al infierno.

Algo está terriblemente mal cuando nos lamentamos más profundamente por las personas que nos rechazan que por aquellos que rechazan a su Mesías.

Pablo estaba tan obsesionado con la propagación del evangelio que podía regocijarse por la difusión del mismo, aun cuando se hiciera con motivos erróneos.

Es cierto que algunos predican a Cristo por envidia y rivalidad, pero otros lo hacen con buenas intenciones. Estos últimos lo hacen por amor, pues saben que he sido puesto para la defensa del evangelio. Aquellos predican a Cristo por ambición personal y no por motivos puros, creyendo que así van a aumentar las angustias que sufro en mi prisión. ¿Qué importa? Al fin y al cabo, y sea como sea, con motivos falsos o con sinceridad, se predica a Cristo. Por eso me alegro; es más, seguiré alegrándome.

—Filipenses 1:15-18

Pablo comprendió la urgencia de la situación. No fue difícil para él dejar a un lado sus sentimientos cuando vio que se estaba predicando el verdadero evangelio. La gente lo atacaba a propósito, pero eso no lo desconcertaba, siempre y cuando se proclamara el evangelio. Es como un paramédico que te maldice mientras intenta salvar la vida de tu esposa. Puedes pasar por alto tus propios sentimientos cuando alguien a quien amas se encuentra en grave peligro. No hay peligro mayor que una eternidad sin Dios. Necesitamos que Dios reviva nuestra preocupación por el destino de los incrédulos.

Cuando nos preocupamos lo suficiente por ellos dejaremos de lado nuestras diferencias para alcanzarlos juntos.

Tengo una mejor idea

A veces, el sueño de una iglesia unida se siente inalcanzable, por lo que nos ocupamos de metas que estén más a nuestro alcance. Aun cuando podemos creer que nuestra unidad ha de afectar al mundo, no estamos ni cerca de eso, por lo que usamos otros métodos para atraer a los perdidos. El método de Dios parece demasiado difícil, por lo que se nos ocurren ideas «mejores». Tenemos que ser muy cuidadosos con ese razonamiento. Parece peligrosamente cercano a lo que hizo Saúl, lo que le costó el reino.

En 1 Samuel 13, Samuel le dice a Saúl que Dios le quitará el reino y se lo dará a otra persona, a un hombre conforme al corazón del propio Dios. Solo dos capítulos antes, se nos cuenta cómo el Espíritu de Dios cayó sobre Saúl y cómo reunió a todo el pueblo de Israel para lograr una gran victoria sobre sus enemigos. Vemos en los capítulos 10 y 11 que cuando Saúl es criticado por otros, guarda silencio y decide no vengarse cuando se le presente la oportunidad. Saúl glorifica a Dios por la victoria militar, sacrificando ofrendas de paz y regocijándose ante él. Parece un líder eficaz y un hombre sabio. Entonces, ¿qué salió mal?

En el capítulo 13, Saúl está a punto de ir a la guerra con los filisteos. Samuel le había dicho a Saúl que vendría en siete días para ofrecer sacrificios y suplicar el favor del Señor antes de que el ejército fuera a la batalla. Saúl espera siete días, pero Samuel no llega. La gente se cansa de esperar y Saúl no quiere ir a la guerra sin presentar sacrificio a Dios, así que él mismo ofrece el sacrificio. ¿No te parece lógico eso? A mí me parece que es perfectamente lógico. Samuel se estaba tardando y Saúl necesitaba ir a la guerra, pero sabía que no debía salir sin hacer una ofrenda primero. Si estuviera en su posición, podría verme a mí mismo haciendo exactamente lo que él hizo. Parecía una decisión muy lógica.

Sin embargo, Dios no lo ve de esa manera. Por eso envía a Samuel a reprender a Saúl por su necedad y le dice que, debido a su desobediencia, su reino no continuará. Parece un castigo severo por una ofensa comprensible.

En el capítulo 15, vemos que se desarrolla un escenario muy similar. Se le ordena a Saúl que derrote a los amalecitas y que destruya todo, incluso el ganado de ellos. Pero Saúl y la gente, viendo que algunos de los animales estaban en muy buenas condiciones, se quedaron con la mejor porción para ofrecerla como sacrificio al Señor. Insisto, creo que esa era una decisión razonable. Los animales iban a morir de todos modos y la gente no se apropió del ganado para ellos mismos por codicia, ya que solo quieren sacrificarlo a Dios. Pero cuando Samuel se entera de todo eso, responde:

> *«¿Qué le agrada más al Señor: que se le ofrezcan holocaustos y sacrificios, o que se obedezca lo que él dice? El obedecer vale más que el sacrificio, y el prestar atención, más que la grasa de carneros. La rebeldía es tan grave como la adivinación, y la arrogancia, como el pecado de la idolatría. Y, como tú has rechazado la palabra del Señor, él te ha rechazado como rey».*

—1 Samuel 15:22-23

Mi miedo es que, quizás sin darnos cuenta, hayamos caído en el muy peligroso hábito de descuidar los mandamientos de Dios en favor de nuestra lógica.

En palabras de John Snyder: «Ni innovación, ni tradición, ni sinceridad, ni sacrificio, ni buenas intenciones; ni una cosa ni todas, pueden sustituir la obediencia a Dios con respecto a cómo desea que se le adore».[3] A simple vista, los errores de Saúl no parecen tan graves. Pero tras ellos subyace una condición muy seria: Saúl no trata las palabras de Dios con la reverencia y el temor apropiados. Debido a eso, cree que es apropiado agregar a las instrucciones de Dios algo de su propio razonamiento. La lección de esta historia es que no importa cuán bueno o lógico parezca, nunca es apropiado modificar los mandamientos de Dios a la luz del razonamiento humano. En la raíz de ese tipo de comportamiento yace el orgullo, pensar que de alguna manera en nuestra sabiduría hemos considerado algo que Dios ha olvidado notar. Dios trata esa presunción como idolatría.

Ese mismo espíritu orgulloso e idólatra anda desenfrenado en la iglesia de hoy disfrazado, como el de Saúl, con buenas intenciones y pragmatismo. Dios dejó en claro que luchar juntos en unidad funcionaría, pero nos abrimos camino con nuevos métodos. No pretendo entender exactamente por qué la unidad haría que los incrédulos creyeran repentinamente en su juicio venidero y en nuestra salvación. Pero mi responsabilidad no es entender por qué; mi responsabilidad es ser obediente. Es posible que Saúl no entendiera por qué era importante que todo el ganado de los amalecitas fuera destruido, pero debía haberle bastado con que Dios se lo ordenara. Eso es lo que significa aceptar a Jesús como *Señor* y *Rey*.

Mi miedo es que, quizás sin darnos cuenta, hayamos caído en el muy peligroso hábito de descuidar los mandamientos de Dios en favor de nuestra lógica.

Una apuesta segura

Vivimos en una época en la que prácticamente se adora la innovación. Siempre buscamos formas de hacer que las cosas sean más eficientes, más efectivas y más atractivas. Al ver el éxito que este tipo de pensamiento produjo en el mundo secular, la gente de la iglesia comenzó —con buenas intenciones, creo— a aplicar las mismas tácticas al ministerio para ver si ese enfoque producía un «éxito» similar. Se nos han ocurrido cientos de ideas innovadoras en cuanto a cómo hacer que la gente asista a las iglesias: conciertos, obras de teatro, programas, deportes, servicios más breves, mejor cuidado de niños, lo que sea.

Mi temor es que, quizás sin darnos cuenta, hayamos caído en el muy peligroso hábito de descuidar los mandamientos de Dios en favor de nuestra lógica. Por ejemplo, si invito al artista cristiano más famoso a hacer un concierto en mi iglesia, estoy seguro de que habrá una multitud de personas, tal vez incluso algunos incrédulos de mente abierta. Puedo hacer una presentación del evangelio en el medio y un llamado al altar al final, y con un par de horas de trabajo, tengo casi la garantía de tener algún tipo de respuesta positiva. Por otro lado, si me comprometo a ser como una familia con algunos otros creyentes, podría pasar años dedicando tiempo y energía a construir esas relaciones, y no tengo idea de cómo afectará eso a los incrédulos. Tendría que poner todas mis esperanzas en una promesa.

Cuando veo esas dos opciones, no hay duda de cuál es más sensata en la carne. Mucha gente se detiene ahí mismo y toma una decisión. Pero les pediría que consideren lo siguiente:

- Marchar alrededor de una ciudad siete veces tocando unas trompetas ¿sería la forma más efectiva de conquistar una ciudad?

- ¿Parecerá un pastorcillo con una honda el mejor candidato para derrotar a un guerrero gigante?

Esta lista podría ampliarse extensamente, pero sé que entiendes el punto. Cuando Dios le pide a alguien que siga ciertas estrategias, a menudo, parece que son cosas que no tienen nada de sensatas. Si tuvieran sentido para nosotros, no necesitaríamos la fe. Pero sin fe, es imposible agradar a Dios (Hebreos 11:6)

Los caminos de Dios no son como nuestros caminos. Dios no nos ha pedido que formulemos estrategias; nos ha pedido que obedezcamos. Parece simple, entonces, ¿por qué no hemos de obedecer? No puedo hablar por ti, pero sé lo que —por lo general— me impide dedicarme expresamente a seguir su plan: la incredulidad.

Increíble

En el siguiente pasaje de las Escrituras se expresan muchas verdades que son imposibles de creer sin un milagro. Te voy a pedir que leas esto poco a poco. Pregúntate si realmente crees que esto es posible.

No ruego solo por estos. Ruego también por los que han de creer en mí por el mensaje de ellos, para que todos sean uno. Padre, así como tú estás en mí y yo en ti, permite que ellos

también estén en nosotros, para que el mundo crea que tú me
has enviado. Yo les he dado la gloria que me diste, para que
sean uno, así como nosotros somos uno: yo en ellos y tú en
mí. Permite que alcancen la perfección en la unidad, y así el
mundo reconozca que tú me enviaste y que los has amado a
ellos tal como me has amado a mí.

—Juan 17:20-23

Quiero ver varias frases en esta oración, pero primero quiero recordarte a la Persona que está expresando esta oración. No olvides que en Jesús «agradó a Dios habitar toda la plenitud» (Colosenses 1:19). Su clamor por la unidad es el propio llamado de Dios mismo. Si bien siempre me ha intrigado su oración, no siempre la he tomado en serio ni literalmente.

«Que todos sean uno»

Jesús ora para que «todos» los creyentes sean «uno». Tienes que ser franco, ¿crees que esto sucederá contigo? A veces considero la posibilidad de que todos demos pequeños pasos en esa dirección. Por lo general, me falta la fe para creer que todos los creyentes podrían participar plenamente en esa unidad. Conozco a demasiadas personas que son extremadamente críticas y divisivas, y lo han sido durante años. Ahí radica, precisamente, mi problema: sigo mirando a la gente. No se trata de convencer a las personas para que se unan. Se trata de orar como oró Jesús. Mi incredulidad provino de pasar demasiado tiempo pensando en cómo convencer a la gente y no dedicar suficiente tiempo a orar con fe.

¿Estamos diciendo que hay algo demasiado difícil de hacer para Dios? Oremos con fe como lo hizo Jesús: «para que todos sean uno». Confiemos en que nuestras oraciones pueden cambiarnos a todos.

«Padre, así como tú estás en mí y yo en ti»

¿Así como? Anteriormente, analizamos el sagrado misterio del Dios trino. Una unión perfecta de toda la eternidad pasada. Jesús no solo está pidiendo que nos llevemos bien. No solo está diciendo que necesitamos sentir algún tipo de amor hacia los demás. Está orando por una unión que se parezca a la que tiene él con el Padre. ¿Cuándo fue la última vez que viste eso como una posibilidad con alguien en la iglesia y, mucho menos, con todos?

«Permite que ellos también estén en nosotros»

Si leer esto no te impulsa a hacer algo, es probable que no tu corazón no ande bien. Jesús está mostrando su deseo de ser uno con nosotros. ¡Él está pidiendo que nosotros, como seguidores suyos unidos, estemos conectados a la Trinidad en algún sentido! Sinceramente, no puedo entender esto, pero cuando Jesús ora con el fin de que estemos unidos para que podamos «estar en» el Padre y el Hijo, ¿cómo podremos restarle importancia a la unidad? Para aquellos de nosotros que hemos enfrentado toda una vida de rechazos, se necesita una fe tremenda para creer que Cristo pide esta unión. Hay algo mucho más poderoso a nuestra disposición que cualquier cosa que hayamos experimentado si nos apoyamos en lo que Jesús está orando aquí.

«Yo les he dado la gloria que me diste»

Esto es lo que hace posible nuestra unidad con él y entre nosotros. Él nos ha dado la gloria. Vengo de una tradición que tiende a centrarse en nuestra depravación; lo cual no es malo. Pero eso nos impide creer que había algo bueno en nosotros que merecía el favor de Dios. ¡El problema es que nos enfocamos tanto en nuestra depravación que no lo alabamos lo suficiente para nuestra gloria! Cristo nos hizo hermosos. A causa de la cruz, somos hijos de Dios santos y sin mancha. El Cristo resucitado nos ha dado su gloria. Si solo miramos nuestro propio pecado y el pecado de los demás, no podremos ver la gloria que poseemos.

«Permite que alcancen la perfección en la unidad»

¿Perfección? Este es el punto en el que todos señalan que esto no puede suceder hasta que lleguemos al cielo. Sin embargo, si eso es cierto, entonces Jesús no terminaría la oración «para que el mundo sepa que tú me enviaste y los amaste como me amaste a mí». ¡Está hablando de aquí y ahora para que todo el mundo pueda verlo! Nuestra unidad perfecta es prueba de que Jesús es enviado por el Padre y que el Padre nos ama «como» ama a Jesús.

¿Cómo se supone que vamos a creer todo esto? Todo suena demasiado descabellado. Se supone que debemos creer que a todos los creyentes se les podría dar su gloria para llegar a ser perfectamente uno, al igual que el Padre y el Hijo. El mundo observará nuestra unión perfecta con Dios y entre nosotros y se convencerá de que Jesús es el Mesías y que somos inmensamente amados por el Padre. Todo suena demasiado bueno para ser verdad. La promesa luce demasiado gloriosa y los obstáculos parecen demasiado enormes. Pero, ¿qué otra opción tenemos más que luchar por esto? ¿Vagar por el desierto unos años más? Necesitamos ver esto como nuestra tierra prometida. Debido a que vivimos del otro lado de la cruz, es mucho más fácil de creer. Parece indignante que una iglesia tan dividida pueda llegar a ser perfectamente una, pero nada es más indignante que la cruz. Recuerda, creemos en un Dios que envió a su Hijo a morir en una cruz para acercarnos a él. ¿Por qué es difícil creer que él encontraría la manera de unirnos a todos? Esa fue su oración. Esa no es una de esas cosas que queremos, esperando que encaje con su voluntad. Adoramos a un Dios que obtiene lo que quiere. Él nos quería e ideó una manera de atraparnos. Él quiere que nuestra unidad tenga un impacto en el mundo, así que creo que encontrará la manera de unirnos.

Necesitamos mantener nuestros ojos en la misión y darnos cuenta de que nos necesitamos los unos a los otros si queremos cumplirla.

Los requisitos son altos

¿Entiendes lo importante que es esto? No se trata de llevarse bien con un hermano que no puedes soportar porque tu mamá te lo dijo. ¡El asunto es que *el mundo crea en Jesús*! Los requisitos son muy altos. ¡Y este es el plan de Jesús para mostrarle al mundo quién es realmente! Si te digo que encuentres alguna forma superficial de unidad para que nos avergüence menos como cristianos, es posible que te excusen por no tener suficiente motivación. Pero ahora que puedes ver claramente en la oración de Jesús que la unidad profunda entre sus seguidores es el plan de Cristo para llevar al mundo a verlo, ¡espero que tu motivación esté por las nubes!

Quizás te ayude si dejas de pensar en las multitudes que vienen a Jesús. Enfrenta eso. Tal vez sea tu papá, tu hermana, tu primo, tu mejor amigo o tu compañero de trabajo el que no esté interesado en seguir a Jesús. Imagínate que se encuentran con una iglesia tan unida que se dan cuenta de que Jesús es lo que decía ser. No solo escuchan a alguien predicar sobre la gracia, la misericordia y el sacrificio de Cristo, sino que ven a los creyentes modelar este amor entre ellos. Eso les abre los ojos. Ahora, ¿vale la pena el sacrificio?

Nada más que podamos intentar como medio para alcanzar a los perdidos viene con ese empoderamiento prometido. Somos libres de elegir nuestros propios métodos pero, con toda franqueza, me avergüenza haber pensado que mis estrategias serían mejores que las de Jesús.

Quizás esa sensación de propósito sea lo que ha faltado en nuestros fallidos intentos de unidad. Como dije al comienzo de este capítulo, cuando Lisa y yo luchamos codo a codo por la misión que Jesús nos dio, nuestro matrimonio marcha bien porque no tenemos luchas entre nosotros. Tener una misión común trae unidad.

Con demasiada frecuencia, hacemos exactamente lo que Pablo nos advirtió que no hiciéramos en 1 Corintios 12:14-26. Miramos a otro miembro del Cuerpo de Cristo y decimos: «No te necesito». Eso equivale a nuestra desunión. Obviamente, nuestras

Necesitamos mantener nuestros ojos en la misión y darnos cuenta de que nos necesitamos los unos a los otros si queremos cumplirla.

convicciones doctrinales cuentan. No estoy tratando de disuadir a nadie de sus firmes creencias con respecto a la enseñanza de las Escrituras. Pero el punto de Pablo aquí se alinea muy estrechamente con la oración de Jesús en Juan 17. Él está diciendo que necesitamos a cada miembro del cuerpo si vamos a funcionar de la manera en que Dios nos diseñó. La desunión no solo es fea; nos vuelve disfuncionales. No podemos ser la presencia y la fuerza en este mundo que Dios pretende si desechamos activamente las partes esenciales de nuestro cuerpo.

Al contrario, debemos mantener nuestros ojos puestos en la misión y darnos cuenta de que nos necesitamos los unos a los otros si queremos cumplirla a cabalidad. Sobre todo, necesitamos el empoderamiento del Espíritu de Dios, pero ese es exactamente el punto que Pablo expone en 1 Corintios 12: *¡El Espíritu nos ha dado poder al difundir sus dones entre toda la familia de la iglesia!* De modo que, cuando nuestro compromiso con la unidad decae, nos estamos separando del poder del Espíritu y, por lo tanto, socavando nuestra misión.

No existe un plan B

Elegir el método de Dios no te garantizará que muchos te sigan; de hecho, es más probable que la gente se vaya. Pero no quiero cometer el error que cometió Saúl que, bajo la presión de los compañeros, empiece a entrar en pánico y a cambiar a otro método. Si Saúl hubiera esperado unas horas más, podría haber perdido algunos seguidores, pero podría haber mantenido el favor del Señor.

Jesús ha dicho que cuando seamos perfectamente uno, el mundo creerá que él fue enviado por Dios y que Dios ama al mundo como ama a su Hijo. Por eso, no importa cuán difícil, ilógico o incómodo se vuelva todo, no puedo dejar de perseguir el objetivo. No estoy diciendo necesariamente que no debamos emplear otras formas de alcance, pero deben ir acompañadas de un esfuerzo igual, si no mayor, para alentar a la iglesia hacia esa unidad que las Escrituras prometen que alcanzaremos a los perdidos. El mensaje del evangelio está incompleto sin la imagen de la iglesia unificada. No existe un plan B.

Capítulo 4

La unidad comienza con el arrepentimiento

¿Eres tú el problema?

Debo admitir que cuando comencé a escribir este libro, esperaba confrontar a las personas que estaban dividiendo a la iglesia. Dios no tardó en mostrarme todas las formas en que yo mismo he contribuido al problema. En principio, pensé que era algo con lo que luché en el pasado. Pero cuanto más estudiaba las Escrituras, más veía que todavía tenía mucho trabajo por hacer. Mi punto es: no asumas que las divisiones fueron causadas por otra persona. Los avivamientos comienzan con el arrepentimiento, por lo que todos podemos beneficiarnos de pedirle a Dios que nos revele nuestra miopía.

Examíname, oh Dios, y sondea mi corazón; ponme a prueba y sondea mis pensamientos. Fíjate si voy por mal camino, y guíame por el camino eterno.

—Salmos 139:23-24

No eres tan tonto como pensaba que eras

Me enamoré de Jesús por primera vez en una iglesia bautista. El pastor de jóvenes fue claro al articular la obra de la cruz; sentí que algunas personas estaban ansiosas por amarme como familia. Una pareja incluso me llevó a su casa cuando no tenía otro lugar donde vivir. Fueron días maravillosos y muy transformadores para mí. Doy gracias a Dios por esa iglesia. Todavía estoy en contacto con algunos de los que comenzaron a amarme ahí hace cuarenta años. (Aprovecho para saludarlos: Stan, Ken, Mike, Vicky, Debbie, Cindy, Todd y Dawn).

Debido a que encontré tanta vida a través de esa iglesia, acepté toda su teología. No cuestioné nada. ¿Por qué habría de hacerlo? Fue ahí donde encontré a Jesús, la verdad, la vida y el amor. Cuestionar cualquiera de sus doctrinas se habría sentido un poco desleal hacia las personas a las que les debo tanto.

Más tarde asistí a una universidad bíblica y a un seminario para aprender a estudiar y enseñar Biblia. Una vez más, sentí mucha gratitud por la escuela que me dio las herramientas para estudiar las Escrituras. Un par de profesores en particular no solo me enseñaron, sino que parecían preocuparse genuinamente por mí. Una vez más, por lealtad, me aferré a toda la doctrina que me enseñaron.

Años después del seminario, comencé a encontrarme con más y más cristianos que sostenían doctrinas diferentes a las que me enseñaron. Como cesacionista acérrimo que era, literalmente se me hacía un nudo en el estómago cada vez que conocía a alguien que decía ser cristiano pero que hablaba en otras lenguas o afirmaba tener un don sobrenatural de profecía. Los veía como ignorantes, fanáticos y peligrosos.

Luego conocí un poco más a algunos de ellos.

Uno de los primeros fue un pastor llamado Jack Hayford. Había aceptado unirme a la junta directiva de un ministerio que se preocupaba por los pobres de los barrios pobres. Jack también estaba en ese grupo. Me hice muchas suposiciones sobre Jack porque su nombre a menudo aparecía en mi escuela. También tenía la creencia de que aquellos que creían en esos dones sobrenaturales lo hacían porque eran demasiado perezosos para estudiar las Escrituras, por lo que confiaban en visiones de Dios más que en estudiar cuidadosamente y obedecer los mandamientos bíblicos. Cuando conocí a Jack, vi a un hombre que amaba profundamente a Jesús y que era un fiel estudioso de la Biblia. Cuando lo escuché enseñar por primera vez, asumí que iba a ser algo superficial y que no iba a estar ni cerca del nivel académico de este recién graduado de seminario. Por eso me sorprendió cuando me explicó un texto del Antiguo Testamento, exponiendo un contexto histórico y diseccionando el hebreo de una manera de la que yo era incapaz de emplear. Eso hizo trizas mi paradigma.

A lo largo de los años, pude observar el carácter de Jack y vi en su persona un desbordamiento de amor, gozo, paz, paciencia y otros frutos del Espíritu. Desde entonces he conocido a muchos carismáticos que no estudian la Palabra y son complacientes con el pecado. Sin embargo, también he conocido a muchos que son todo lo contrario. Mientras explicaban pacientemente sus interpretaciones de las Escrituras, vi que sus conclusiones no eran tan ridículas como pensé alguna vez. Antes de eso, solo había aprendido su teología desde la perspectiva sesgada de aquellos que estaban totalmente en desacuerdo. En realidad, nunca les había hablado ni leído alguno de sus libros. Después de hacerlo, no solo entendí mejor su razonamiento, sino que llegué a estar de acuerdo con ellos en algunas de sus enseñanzas. Por ejemplo, el apóstol Pablo dice en 1 Corintios 14:39: «Así que, hermanos míos, ambicionen el don de profetizar, y no prohíban que se hable en lenguas». Ahora entiendo por qué los carismáticos interpretan esto en el sentido de que debemos desear la profecía y no prohibir las lenguas.

En el transcurso de las últimas dos décadas, especialmente, me he relacionado con líderes de muchas denominaciones. Hasta investigué con algunos de ellos sobre su teología. Incluso después de que me respondieron, seguí en desacuerdo con algunas de sus conclusiones, pero vi que eran estudiosos y diligentes. Unas veces, iniciaba las conversaciones estando noventa y nueve por ciento seguro de que tenía razón, pero resultaba terminando con un setenta por ciento de certeza de que la razón la tenía yo. Otras

veces, llegaba a la conclusión de que estaba absolutamente equivocado (¡lo cual detesto!). No siento que mis convicciones se hayan
debilitado, pero estoy aprendiendo que es posible —y a veces
saludable— volver a examinar lo que entiendo de las Escrituras,
aun cuando eso signifique aprender de alguien con quien no estoy
de acuerdo en todo.

Por ejemplo, en la actualidad, estoy un noventa por ciento
seguro de que me he equivocado al creer que Cristo no está presente en la Eucaristía. Es más, es probable que esté seguro en un
setenta por ciento de que las denominaciones que tienen la visión
más precisa de la Eucaristía son aquellas que se maravillan con la
presencia real —aunque misteriosa— de Cristo. Estoy un sesenta
y cinco por ciento seguro de que la transubstanciación, como la
mayoría la entiende, es inexacta. Estoy un noventa y cinco por
ciento seguro de que estaba equivocado en cuanto a mi visión
cesacionista de los dones.

Cuando digo cosas como esta, sé que algunos lectores se inco-
modarán conmigo por lo que creo. Entiendo. Yo tuve la posición
de ellos cierto tiempo. Una vez pensé que todos los carismáticos
eran herejes superficiales fanáticos y peligrosos. Una vez pensé
que todos los católicos eran adoradores de ídolos sin vida y sin
salvación. Nunca soñé que realmente tendría amigos que fueran
católicos carismáticos y que los amaría como hermanos. Todavía
tengo serios desacuerdos doctrinales con muchos carismáticos y
todos los católicos, pero con aquellos con quienes he tenido la
oportunidad de entablar amistad, compartimos una clase de amor
y una unidad que son más profundos de lo que hubiera imaginado.

Aunque ya he pasado cuarenta años en mi peregrinaje espiritual, todavía me aferro a las verdades fundamentales básicas que me enseñaron en mis primeros tiempos. Todavía paso tiempo leyendo solamente las Escrituras todos los días. Sigo creyendo que la salvación es solo por gracia mediante la fe en Cristo. Realmente no me he desviado mucho de mis raíces bautistas, pero me he dado cuenta de que hay temas que nunca investigué por mí mismo. Simplemente asumí lo que me enseñaron sin siquiera dedicar tiempo para aprender de los que estaban «del otro lado».

Comparto todos esos antecedentes para mostrar que he estado en una búsqueda constante en busca de la verdad sobre todo tipo de asuntos a lo largo de los años. Y la jornada continúa, no se detiene. Algunos me critican diciendo que no debería predicar sobre algo a menos que esté seguro de ello. Mi pregunta es: ¿Qué tan seguro debo estar? ¿Cien por ciento? ¿Noventa por ciento? ¿Cincuenta y uno por ciento? Cuando era más joven, estaba ciento por ciento convencido de ciertas doctrinas de las que ahora dudo mucho. Cuanto mayor me hago, menos me inclino a estar cien por ciento seguro de cualquier cosa. Una de las pocas cosas de las que estoy seguro es que solo «sé en parte» (1 Corintios 13:12), así que trato de comportarme con la humildad apropiada.

Un llamado a la humildad

Muchos líderes cristianos de hoy se ven a sí mismos como defensores de la verdad. Ellos son los que mantienen la línea contra la marea de los carismáticos heréticos, el arrogante campamento reformado o quienquiera que su campamento considere el «enemigo». Muchos de nosotros tenemos tanta lealtad a nuestros círculos que nunca nos hemos detenido a preguntarnos: ¿En realidad, estamos buscando la verdad o simplemente estamos defendiendo lo que ya creemos? Cuando escuchamos algún tipo de verdad distinta, o algo que no encaja bien dado nuestro fundamento teológico, ¿a qué recurrimos en busca de explicación? Corremos hacia nuestra propia gente, aquellos en los que confiamos por razones naturales (ellos fueron los que nos llevaron al Señor, las personas en las que nuestra familia confía, sea lo que sea). Lo cual tiene cierto sentido. *Pero* eso significa que realmente solo escuchamos un lado del argumento.

Vale la pena hacer la pregunta: ¿Por qué estás tan seguro de que la teología de tu campamento es mejor que la mía? Dirígete a la epistemología: cómo se adquiere la verdad. Si estás leyendo este libro, probablemente estés de acuerdo conmigo en que las Escrituras son la base de la verdad. Si todos estamos de acuerdo en eso, ¿por qué tenemos tantas diferencias teológicas? Simple, porque hay diferencias de interpretación. ¿Cómo, entonces, se determina quién tiene la mejor interpretación de las Escrituras? ¿Acaso será el más inteligente? ¿Quién tiene el mejor razonamiento? ¿La persona más humilde y más cariñosa? ¿El que está más en sintonía con el Espíritu Santo? Insisto, nos vamos a encontrar en un callejón sin salida porque, aunque supiéramos cuál de esas medidas debería usarse para determinar a quién escuchar, no hay formas objetivas de medir esas cualidades.

Si creemos en 1 Corintios 2, parece poco probable que las personas arrogantes tengan la más firme comprensión de la verdad.

Después de confrontar la división y la arrogancia en el capítulo 1, Pablo explica en el capítulo 2 que las verdades espirituales solo pueden ser enseñadas por el Espíritu Santo. En este fascinante pasaje, se explica que una persona natural no puede comprender la verdad espiritual por muy brillante que sea.

Señalo esto, no para disuadir a nadie de estudiar mucho para encontrar la verdad, sino para advertirle contra la arrogancia. Puedes creer consciente o inconscientemente que lo hiciste todo bien y que las creencias de otras personas o denominaciones deben ser completamente infundadas, hasta el punto de que ni siquiera entablarás una conversación franca con alguien que tenga una opinión diferente. Este tipo de orgullo solo impedirá que escuches al Espíritu de verdad. Si Dios da gracia a los humildes, es difícil imaginar que los más arrogantes sean los más precisos.

El apóstol Pablo habla de eso en 1 Corintios 13, un capítulo que muchos de nosotros conocemos, al menos en parte, de memoria. Al final de su famosa descripción del amor, escribe en los versículos 8-12:

> *El amor jamás se extingue, mientras que el don de profecía cesará, el de lenguas será silenciado y el de conocimiento desaparecerá. Porque conocemos y profetizamos de manera imperfecta; pero cuando llegue lo perfecto, lo imperfecto desaparecerá. Cuando yo era niño, hablaba como niño, pensaba como niño, razonaba como niño; cuando llegué a ser adulto, dejé atrás las cosas de niño. Ahora vemos de manera indirecta y velada, como en un espejo; pero entonces veremos cara a*

cara. Ahora conozco de manera imperfecta, pero entonces conoceré tal y como soy conocido.

Cualquier conocimiento de Dios que pensamos que tenemos aquí en la Tierra, todo lo que los eruditos más brillantes han captado de la verdad celestial, es como un vago reflejo de la verdad real en un espejo. No como uno de los espejos que tenemos hoy, sino como una pieza de metal brillante en la que apenas puedes distinguir tu rostro. Es infantil. Es temporal. Si tienes dificultades para aceptar eso o estás comenzando a sentirte a la defensiva, detente ahora mismo y revisa tu corazón. ¿En verdad crees que has descubierto a Dios? ¿De verdad crees que tienes una teología ciento por ciento correcta? Si es así, esa es una circunstancia aterradora.

Hace aproximadamente un año, estaba hablando con un amigo que es maestro de personas con necesidades especiales. Además, es muy hábil para alcanzar a sus estudiantes con el evangelio. Él nos dijo que, por un tiempo, luchó con la idea de cómo trasmitirles el evangelio a unos niños que no hablan y la manera en que lo aceptaran. Pero entonces Dios abrió sus ojos para que viera lo insensato que era pensar de esa manera. ¿Acaso creía él que Dios no tenía capacidad para adaptarse al nivel de inteligencia de ellos? ¿Cómo podríamos pensar que Dios no puede adaptarse a las personas que carecen de las capacidades que normalmente tenemos, como si de alguna manera —los que no tenemos discapacidades— estuviéramos en un «nivel más cercano» a él? ¿Como si Dios pudiera tratar con mi nivel de inteligencia, pero con otros no sería tan fácil? ¡Cuán arrogante es eso! Es triste. Yo estaba muy

Todos tenemos un
conocimiento incompleto
y defectuoso de Dios.
Por eso, sin humildad,
nunca tendremos unidad.

convencido de eso. De alguna manera, en mi imaginación, había estado pensando en Dios comunicándose con los seres celestiales en mi idioma y a mi nivel de comprensión. La verdad es que Dios probablemente se comunica de un modo que apenas puedo comprender.

He dicho muchas veces que creo que uno de los pasajes más importantes para esta generación es Isaías 55:8-9, donde Dios dice: «Porque mis pensamientos no son los de ustedes, ni sus caminos son los míos —afirma el Señor—. Mis caminos y mis pensamientos son más altos que los de ustedes; ¡más altos que los cielos sobre la tierra!». Hemos perdido el significado de la verdadera santidad de Dios en muchas maneras, lo que ha hecho que el orgullo crezca y se agrave en la iglesia. Todo el mundo parece comenzar asumiendo que su opinión de Dios es la correcta, en vez de reconocer que todos tenemos un conocimiento incompleto y defectuoso de Dios. Por eso, sin humildad, nunca tendremos unidad. Más importante aún, sin humildad, no podemos tener una relación correcta con Dios.

Defensores de la unidad

Imagínate cómo sería si, en lugar de verse a sí mismos como defensores de la verdad, los líderes cristianos vivieran como si el deber que Dios les dio fuera defender la unidad de la iglesia. Veo ese espíritu en los padres de la iglesia primitiva, lo cual me parece muy hermoso y atractivo. Cuando surgieron desacuerdos y las creencias heréticas comenzaron a amenazar a la iglesia, se convocaron los concilios ecuménicos para reunir a las personas de *ambos* bandos. Se enfrentaron cara a cara con el objetivo de discernir la verdad, alcanzar el consenso, promover la paz y proteger a una iglesia unificada. De esos concilios obtenemos declaraciones como las del Credo de Nicea, desarrollado en el Primer Concilio de Nicea. Observa las palabras a continuación:

Creemos en un solo Dios, el Padre, el Todopoderoso, creador del cielo y la tierra, de todo lo que es, visible e invisible.

Creemos en un Señor, Jesucristo, el único Hijo de Dios, eternamente engendrado del Padre, Dios de Dios, Luz de Luz, Dios verdadero de Dios verdadero, engendrado, no hecho, de un Ser con el Padre. Por medio de él se hicieron todas las cosas.

Por nosotros y por nuestra salvación descendió del cielo: por la fuerza del Espíritu Santo se encarnó de la Virgen María y se hizo hombre.

Por nuestro bien fue crucificado bajo Poncio Pilato; sufrió la muerte y fue sepultado. Al tercer día resucitó de acuerdo con las Escrituras; ascendió al cielo y está sentado a la diestra del Padre. Vendrá otra vez con gloria para juzgar a vivos y muertos, y su reino no tendrá fin.

Creemos en el Espíritu Santo, Señor, dador de vida, que procede del Padre y del Hijo. Con el Padre y el Hijo es adorado y glorificado. Ha hablado a través de los profetas. Creemos en una santa Iglesia católica y apostólica. Reconocemos un solo bautismo para el perdón de los pecados. Esperamos la resurrección de los muertos y la vida del mundo venidero. Amén.

Imagínate a los padres de la iglesia primitiva reuniéndose, sin ignorar ni ocultar sus diferencias, sino reconociéndolas y resolviéndolas. Imagínate a esos primeros líderes uniendo su sabiduría y escribiendo un credo con la sincera esperanza y oración de que sirviera como ancla teológica y fundamento para una iglesia fuerte y unificada en sus días y en los días venideros. ¿No luce eso infinitamente más atractivo que lo que ves hoy: miles de líderes peleándose entre sí y tratando de convencerte de que te unas a su bando? En vez de luchar por los seguidores o por la gloria individual, la iglesia primitiva dio prioridad a la gloria de Dios y a su Novia unida. En vez de buscar razones para denunciar a la gente, buscaron puntos en común para unir a los cristianos. Tenemos que empezar a hacernos preguntas difíciles y sinceras. ¿Podemos hablar con tanta confianza sobre la pureza de nuestros motivos?

El celo de Dios por su templo

Nunca he sentido más temor a causar división. Después de volver a estudiar 1 Corintios 3 en el contexto de los primeros tres capítulos, Dios me mostró que no he sido lo suficientemente serio en cuanto a mi propio discurso y a mis acciones divisivas. Como resultado, recientemente he pasado algún tiempo confesando cosas que he dicho y hecho, consciente o inconscientemente, que han contribuido más a la fragmentación de su iglesia que a su unificación.

Pablo no pasa solo el primer capítulo de 1 Corintios hablando de jactancia y división. Este tema corre a lo largo de su carta. En el capítulo 6, confronta el hecho de que los creyentes se demandaban entre sí, para que el mundo lo viera, en vez de adoptar una actitud cristiana en cuanto a «¿por qué no sufrir el mal?». En el capítulo 7, habla de sus divorcios. En el capítulo 8, confronta su arrogancia, la que está destruyendo a sus hermanos. En el capítulo 11, dice que la celebración de la Cena del Señor hace más daño que bien debido a sus divisiones. En el capítulo 12, les recuerda que son un cuerpo y, por lo tanto, es ridículo que una parte mire a cualquier otra con una actitud desdeñosa, como diciendo: «No te necesito». Los capítulos 13 y 14 explican que es su falta de amor lo que hace que incluso sus dones espirituales se utilicen para jactarse y dividirse más que para edificarse unos a otros.

De principio a fin, la Primera Carta de Pablo a los Corintios tenía el propósito de unirlos en amor y llevarlos a arrepentirse de sus divisiones. Para mí, nada es tan aterrador como la advertencia de Dios en el capítulo 3.

En los primeros cuatro versículos, Pablo declara explícitamente que son bebés inmaduros y que eso se muestra por sus divisiones. El hecho de que exista «contienda» y jactancia en las personas prueba que no son espirituales. En los versículos

5 al 9, les recuerda que él y Apolos no son nada, solo siervos que cumplen con su deber. Su punto es que los creyentes corintios deben dejar de hablar de ellos. En los versículos 10 al 15, les dice que se acerca el día del juicio, que es la única vez que sabremos la verdad real. Ese es un estímulo que hará que dejemos de juzgar las obras de los demás y preocuparnos por nosotros mismos. Y a su vez, eso conduce a la advertencia más aterradora, en mi opinión:

> *¿No saben que ustedes son templo de Dios y que el Espíritu de Dios habita en ustedes? Si alguno destruye el templo de Dios, él mismo será destruido por Dios; porque el templo de Dios es sagrado, y ustedes son ese templo.*
>
> —1 Corintios 3:16-17

Si alguno de ustedes puede leer una frase como «Dios lo destruirá» sin ningún grado de temor, algo anda mal. No dejes de considerar el peso de una declaración como esa. El celo de Dios por su santo templo es feroz, lo cual es algo bueno. Cualquier palabra insensata que digamos puede dañar a los hermanos y hermanas, y por ellas seremos juzgados. Toda nuestra jactancia en cuanto a cualquier líder, aparte de Cristo, provoca divisiones, las cuales destruyen el templo, «así que nadie se gloríe en los hombres» (v. 21).

¡Dios tenga piedad de nosotros!

A estas alturas, todos deberíamos tener un momento sagrado. Todas las opiniones de quienes están dentro y fuera de nuestros campamentos no deberían significar nada a la luz de nuestro juicio inminente por parte de un Dios Santo. Esta fue la actitud de Pablo en los siguientes versículos:

> *Por mi parte, muy poco me preocupa que me juzguen ustedes o cualquier tribunal humano; es más, ni siquiera me juzgo a mí mismo. Porque aunque la conciencia no me remuerde, no por eso quedo absuelto; el que me juzga es el Señor. Por lo tanto, no juzguen nada antes de tiempo; esperen hasta que venga el Señor. Él sacará a la luz lo que está oculto en la oscuridad y pondrá al descubierto las intenciones de cada corazón. Entonces cada uno recibirá de Dios la alabanza que le corresponda.*
>
> —1 Corintios 4:3-5

Si estos versículos no te impulsan a examinar humildemente tus acciones ante tu Creador y Juez, tienes serios problemas. No podemos preocuparnos por lo que piense la gente. Lo entiendo: hacer cambios para acoger a hermanos y hermanas fuera de tu círculo encontrará oposición. Pero ¿vas a permitir que eso reemplace tu temor a Dios?

> *¿Qué busco con esto: ganarme la aprobación humana o la de Dios? ¿Piensan que procuro agradar a los demás? Si yo buscara agradar a otros, no sería siervo de Cristo.*
>
> —Gálatas 1:10

Con demasiada frecuencia nos obsesionamos con nuestros desacuerdos y sentimos que no podemos adorar a pesar de lo obvio que son. No creemos que Dios es infinitamente más grande que nuestros desacuerdos.

Buen fanfarrón

Les suplico, hermanos, en el nombre de nuestro Señor Jesucristo, que todos vivan en armonía y que no haya divisiones entre ustedes, sino que se mantengan unidos en un mismo pensar y en un mismo propósito. Digo esto, hermanos míos, porque algunos de la familia de Cloé me han informado que hay rivalidades entre ustedes. Me refiero a que unos dicen: «Yo sigo a Pablo»; otros afirman: «Yo, a Apolos»; otros: «Yo, a Cefas»; y otros: «Yo, a Cristo». ¡Cómo! ¿Está dividido Cristo? ¿Acaso Pablo fue crucificado por ustedes? ¿O es que fueron bautizados en el nombre de Pablo?

—1 Corintios 1:10-13

En la iglesia de Corinto se sembraron divisiones cuando algunos individuos comenzaron a comparar a los líderes y a tomar partido por algunos de estos, a los que decidieron apoyar. Se formaron grupos separatistas que se peleaban entre sí y discutían cuál líder era el mejor. La ventaja que ellos tenían sobre nosotros era que sus líderes no disfrutaban de los elogios. En vez de animar a los «fanáticos de Pablo», el propio apóstol Pablo les ruega que dejen de hacer eso. Les dice que somos unos tontos —como piensan los que no son creyentes— que creemos en un mensaje simple que es predicado con sencillez. Les recuerda de dónde venían y que no tenían nada de qué jactarse. De hecho, Dios escogió a los necios *«para que ningún ser humano se gloríe en la presencia de Dios»* (1 Corintios 1:29). Por tanto, eran un grupo de necios pecadores salvados por Jesús; de modo que jactarse, en Jesús, es la única jactancia que tiene sentido.

Si alguien ha de gloriarse, que se gloríe en el Señor

—1 Corintios 1:31

Cuando las personas piadosas se reúnen, lo que hacen —en realidad— es jactarse de Jesús. No pueden dejar de contar historias sobre sus experiencias con él y el gozo que encuentran en él. Con eso Dios es honrado y ellos, a la misma vez, quedan aún más asombrados por Cristo.

Cuando escuchamos historias de cómo Cristo obra en otros, nos dan ganas de alabarlo aún más. Es un efecto multiplicador santificado. No debería haber límite a las cosas de las que pudiéramos jactarnos en Cristo.

Cuando los «cristianos» se reúnen hoy, se jactan de su maestro favorito y de lo bien que explica la Palabra. Hablan de iglesias, bandas de adoración, escuelas, teólogos, libros, canciones, denominaciones, ministerios, asuntos políticos, cuestiones sociales, pastores, cantantes, etc. Inevitablemente surgen desacuerdos sobre quién es mejor, más ungido, inteligente o sabio. Una vez que elijas a tu líder favorito, te diriges a la isla donde todos lo adoran. De repente sientes unidad nuevamente porque te rodeas de personas que están de acuerdo contigo en cuanto a tu líder o tu teología. Concuerdas con las fortalezas de tu líder y estás de acuerdo con las debilidades de los otros.

Mientras permaneces en tu isla, habrá armonía. Al menos hasta que a alguien en la isla se le ocurra una nueva idea y reúna a su propia tripulación para ir a otra isla.

Considera seriamente lo que sucedería si pudiéramos reiniciar y comenzar de nuevo. Esta vez, todos los que nos llamamos cristianos prometemos no jactarnos de nadie excepto de Jesús. Cada vez que nos reunimos, pasamos tiempo jactándonos de él, compartiendo historias de su bondad con nosotros. Esto no significa que los desacuerdos no seguirán surgiendo, pero no serían la pieza central. No presumiríamos de nosotros mismos, de nuestras posesiones, de nuestro conocimiento, de nuestros logros ni de los de cualquier otra persona. Pasaríamos nuestros días jactándonos de la gracia infinita de Dios y escuchando a otros hacer lo mismo. Con suerte, eso te suena a paraíso. Ahora imagínate que tu grupo se fusionó con otro grupo que vivía exactamente de la misma manera. ¿Sería difícil convivir con otro grupo de personas así? Quizás la unidad sea realmente así de simple.

Con demasiada frecuencia nos obsesionamos con nuestros desacuerdos y sentimos que no podemos adorar a pesar de lo obvio que son. No creemos que Dios es infinitamente más grande que esos desacuerdos.

Si esa nueva isla luce como un paraíso, es porque lo es. La unidad del cielo se encuentra cuando sus habitantes se jactan a una sola voz de una sola cosa: «*Hágase tu voluntad en la tierra como en el cielo*».[4]

Capítulo 5

La unidad viene con la madurez

El libro de Efesios capítulo 4 es claro cuando nos enseña que: todos en el ministerio deben tener un objetivo común. Nuestro trabajo es ayudar a todos los miembros del Cuerpo de Cristo a madurar.

Él mismo constituyó a unos, apóstoles; a otros, profetas; a otros, evangelistas; y a otros, pastores y maestros, a fin de capacitar al pueblo de Dios para la obra de servicio, para

edificar el cuerpo de Cristo. De este modo, todos llegaremos a
la unidad de la fe y del conocimiento del Hijo de Dios, a una
humanidad perfecta que se conforme a la plena estatura de
Cristo. Así ya no seremos niños, zarandeados por las olas y
llevados de aquí para allá por todo viento de enseñanza y por
la astucia y los artificios de quienes emplean artimañas enga-
ñosas. Más bien, al vivir la verdad con amor, creceremos hasta
ser en todo como aquel que es la cabeza, es decir, Cristo. Por
su acción todo el cuerpo crece y se edifica en amor, sostenido
y ajustado por todos los ligamentos, según la actividad propia
de cada miembro.

—Efesios 4:11-16

Dios ha dotado a su iglesia de apóstoles, profetas, evangelistas, pastores y maestros. Su trabajo es «equipar a los santos para la obra del ministerio», y se supone que deben hacer eso «hasta que todos alcancemos la unidad de la fe». Si los líderes están haciendo su trabajo correctamente, el resultado debe ser santos maduros que están en el ministerio mientras se vuelven más unidos. La Biblia describe un tipo de entrenamiento que resulta en trabajadores equipados y unificados.

El desvío fatal en el camino hacia la madurez

Como líderes cristianos, la mayoría de nosotros sabemos que nuestro trabajo es llevar a las personas a la madurez:

A este Cristo proclamamos, aconsejando y enseñando con toda sabiduría a todos los seres humanos, para presentarlos a todos perfectos en él. Con este fin trabajo y lucho fortalecido por el poder de Cristo que obra en mí.

—Colosenses 1:28-29

El deseo de Dios es que sus hijos sean «perfectos y completos, sin que les falte nada» (Santiago 1:4). El Nuevo Testamento está lleno de pasajes que describen cómo vive y actúa una persona madura:

Precisamente por eso, esfuércense por añadir a su fe, virtud; a su virtud, entendimiento; al entendimiento, dominio propio; al dominio propio, constancia; a la constancia, devoción a Dios; a la devoción a Dios, afecto fraternal; y al afecto fraternal, amor.

—2 Pedro 1:5-7

En cambio, el fruto del Espíritu es amor, alegría, paz, paciencia, amabilidad, bondad, fidelidad, humildad y dominio propio. No hay ley que condene estas cosas.

—Gálatas 5:22-23

Por lo tanto, como escogidos de Dios, santos y amados, revístanse de afecto entrañable y de bondad, humildad, amabilidad

y paciencia, de modo que se toleren unos a otros y se perdonen
si alguno tiene queja contra otro. Así como el Señor los per-
donó, perdonen también ustedes. Por encima de todo, vístanse
de amor, que es el vínculo perfecto.

—Colosenses 3:12-14

La forma más sencilla de entender cómo debe verse un creyente maduro es estudiar la vida de Cristo. Obviamente, no hay
mejor imagen de un cristiano maduro que Cristo. En él vemos
el amor, la misericordia, la compasión, la valentía, la santidad, el
perdón y el sacrificio personificados. Él era el epítome de cada
fruto del Espíritu. La forma en que manejó las Escrituras y en que
trataba a las personas es el estándar para cualquiera que se llame
cristiano.

Sin embargo, ¿cómo entrenas a alguien para que sea como
Jesús? ¿Son el amor, la alegría y la paz cosas que realmente
podemos enseñar en un salón de clases? Jesús modeló estas características mientras caminaba junto a sus discípulos. Ellos pasaron
dificultades y sufrimiento juntos. Experimentaron juntos el poder
del Espíritu. Aprendieron a amar al verlo amar. Esa es la verdad.
El verdadero discipulado implica vivir la vida juntos, cuidar a los
perdidos y heridos juntos, y experimentar juntos las victorias y las
desilusiones.

En Estados Unidos, cuando queremos formar líderes, los
enviamos a clases y a las escuelas. Al utilizar las aulas como el lugar
principal para la capacitación, terminamos centrándonos en lo
único que podemos enseñar en un aula: suministrar información.

Aun cuando el conocimiento es una gran parte de la madurez como creyente, muchos lo han convertido en lo más relevante. Eso ha causado estragos en la iglesia y, de hecho, evita que se madure realmente. Observa el siguiente diagrama y luego te lo explicaré.

La vida del cristiano

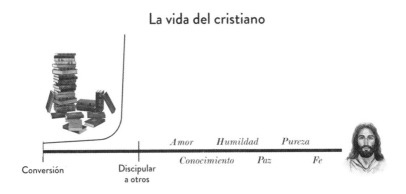

El camino a la madurez (a la semejanza a Cristo) implica un crecimiento continuo en intimidad con Dios, en humildad, santidad, fe, esperanza, poder, amor, gozo, paz, etc. En el camino hacia la madurez, guiamos a otros, bautizándolos y enseñándoles a obedecer todo lo que Dios ordenó. Pero muchos nunca alcanzan la madurez porque nunca guían a otros. En lugar de convertirse en maestros, permanecen en un estado constante de aprendizaje (Hebreos 5:12). Algunos se niegan a liderar, mientras que otros se pasan la vida creyendo que no están preparados. Para prepararse, comienzan a tomar clases. Leen libros cristianos (¡como este!). Analizan sermón tras sermón, creyendo que eso es

Esto es lo que Dios quiere:

grupos de creyentes maduros

que muestren al mundo un amor

sobrenatural unos por los otros.

El componente del amor de la

iglesia no es negociable.

lo que significa crecer en madurez. Pero aquí es donde comienza el gran engaño.

En lugar de permanecer en el camino hacia la madurez (que incluye aumentar el conocimiento), se enrumban por un camino diferente que se enfoca principalmente en obtener información. Aunque aumentan en conocimiento, no crecen en humildad. Aunque se llenan la mente con información, no la usan en beneficio de los necesitados. No guían a otros a vivir bien ni modelan el fruto del Espíritu. Como resultado, tenemos personas que se ven a sí mismas como maduras porque saben muchas cosas sobre las Escrituras, pero sus vidas no se parecen en nada a la de Cristo. No dan pasos de fe, arriesgando sus vidas y sus medios de subsistencia por el bien del evangelio.

El gráfico muestra que, en realidad, puedes estar más lejos de la madurez si continúas por el camino de la información sin crecer en el amor. Pablo describe esto cuando dice que «el "conocimiento" envanece, pero el amor edifica» (1 Corintios 8:1). Adquirir conocimiento sin usarlo con amor por los demás conduce a un orgullo que te aleja más de Cristo. Lleva a un bloqueo de la gracia de Dios y a acoger su oposición: «Dios se opone a los soberbios, pero da gracia a los humildes» (Santiago 4:6). En nuestro modo actual de vida en la iglesia, no nos atreveríamos a llamar inmaduro a nadie que tenga una gran cantidad de conocimiento bíblico. Sin embargo, yo diría que hay muchos neófitos supuestamente eruditos por ahí. Han llegado muy lejos en nuestro ambiente, pero van en la dirección equivocada.

Señales de advertencia

Una de las señales más visibles de que una persona va en la dirección equivocada es la falta de gracia.

Más bien, crezcan en la gracia y en el conocimiento e nuestro Señor y Salvador Jesucristo. ¡A él sea la gloria ahora y para siempre! Amén.

—2 Pedro 3:18

Aquellos que crecen en el conocimiento verdadero de la gracia de Dios, crecerán en gracia también. Insisto, se debe hacer una distinción importante: una persona puede saber mucho sobre la gracia e incluso ser capaz de predicar buenos sermones sobre la gracia sin haberla experimentado nunca.

Imagínate que me estudiara los ingredientes de un menú de postres al punto que pudiera nombrar cada ingrediente utilizado y el orden en el que se combinaron. Podría describirlo con gran precisión y probablemente haga buenos comentarios sobre cómo sería comerlo. Ahora imagina lo diferente que sería si te describiera un postre mientras está en mi boca. Podría contarte más que solo algunas cosas al respecto; podría contarte mi experiencia con mis cinco sentidos funcionando en pleno. ¿En qué recomendación confiarías más?

De la misma manera, existe una diferencia visible entre una persona que sabe mucho sobre la gracia y otra que la ha probado;

verás eso más claramente en su forma de vida. Las personas que realmente entienden lo que significa que el peso aplastante del pecado y la muerte se les quita de los hombros, sin haber hecho nada para ganárselo, se deleitan en compartir esa gracia con los demás. El orgullo y la justicia propia huyen de un corazón que medita constantemente en las tiernas misericordias del Padre.

Por el contrario, las personas que conocen la gracia conceptualmente, pero no la han sentido aplicada a sus propias vidas, no tienen ningún problema en predicar acerca de ella y no mostrar nada a las personas que los rodean. Existe una desconexión entre el conocimiento y el trabajo aparente. Este tipo de conocimiento sin un cambio de corazón que lo acompañe puede parecer más cercano a la madurez que a la total ignorancia, pero Jesús deja muy claro en Mateo 23 lo que siente por la hipocresía religiosa. En serio, detente ahora mismo y lee ese capítulo de las Escrituras si tienes alguna duda acerca de la gravedad de este problema.

Insto a los pastores y líderes a tener esto en cuenta al pastorear a otros. Disciplina a las personas como lo hizo Jesús, modelando los principios que enseñas y responsabilizando a las personas para que hagan lo mismo. De manera similar, para aquellos de ustedes que están buscando un mentor o quieren profundizar más con Dios, no busquen a la persona más inteligente ni corran directamente al salón de clases. Busca a alguien cuya forma de vida sea digna de imitar y sigue a esa persona si ves que es un verdadero seguidor de Cristo.

Otra barrera

Otra razón por la que no hemos logrado llevar a los cristianos a la madurez es nuestra obsesión por los números. Muchos se niegan a admitirlo, pero tomamos muchas decisiones basadas en lo que atraiga multitudes. Insisto, este no fue el modelo de Cristo. Él tomaba decisiones correctas basadas en las prioridades correctas, lo que resultó en menos seguidores. Debido a que no hemos seguido su modelo, las personas acuden a nuestros servicios en grandes cantidades, personas que nunca hubieran seguido a Jesús. Si eres mejor que Jesús reuniendo multitudes y obteniendo alabanzas, algo anda mal.

Le hemos estado dando a la gente lo que quiere. Es por eso que muchas iglesias detuvieron sus reuniones de oración. La gente no estaba interesada en orar. Es por eso que rara vez se ve el verdadero discipulado de uno por uno. La gente no quiere acercarse tanto ni invertir tanto tiempo. Nos gusta nuestro espacio. Podemos hacer un estudio bíblico a corto plazo con un grupo, pero ser como una familia es pedir demasiado. Como líderes de la iglesia, pensamos que debemos trabajar con lo que tenemos. No queremos perder a nadie, así que tenemos que encontrar los denominadores comunes más bajos. Si la mayoría de nuestra congregación nos permite solo una hora el domingo y un estudio o clase bíblica ocasional, entonces tenemos que llevarlos a la madurez dentro de esos parámetros.

Cuando planté mi primera iglesia, quería crear un espacio donde la gente pudiera entrar y tener un gran encuentro con Dios a través de su Palabra y tener la libertad de escaparse inmediatamente después de que terminara el servicio. Francamente, no había pensado en que la congregación creciera en su amor mutuo. Creé una iglesia a la que quería asistir. Supuse que había muchos cristianos ocupados que tenían suficientes amigos y querían asistir a la iglesia para acercarse más a Dios, no para acercarse ellos. Me gustaba mi privacidad, así que pensé que a otros también les gustaba. Yo tenía razón. La gente acudía a esas reuniones y eran emocionantes. Sin embargo, los ancianos y yo nos convencimos del hecho de que Cristo quería que fuéramos conocidos por nuestro amor mutuo. Aunque no éramos indiferentes, sabíamos que no era nuestro amor lo que atraía a los visitantes.

Semana tras semana, suplicábamos a la congregación que se amaran profundamente unos a otros, sobre todo que amaran a aquellos que eran diferentes a ellos. Aunque algunos se dieron cuenta del asunto, muchos no pudieron o no quisieron hacer nada al respecto. Los había acostumbrado a una forma de reunión que nos permitía mantenernos a distancia, por lo que el cambio no sería fácil. Cuanto más intentábamos forzar las relaciones, más se frustraban todos y muchos se marchaban a otras iglesias. Fue uno de los momentos más miserables de mi vida.

Durante quince años, solo había experimentado un crecimiento numérico. Estaba acostumbrado a la emoción y al aumento de la asistencia. Ahora estaba viendo a algunos amigos cercanos yéndose de nuestra iglesia. Fue un momento difícil y no estaba seguro de lo que Dios quería que hiciera. ¿Le doy a la gente el tipo de iglesia que quieren o puedo obligarlos a convertirse en el tipo de iglesia que vi en las Escrituras? ¿Sigo presionando sin

Con demasiada frecuencia
tratamos a la comunidad y al
discipulado como complementos
opcionales que están a la disposición
de aquellos que están interesados
en ese tipo de cosas.

importar cuántas personas se vayan o hay un punto en el que estoy pecando por mi impaciencia? Pasajes como 2 Timoteo 4:2 son confusos porque todavía no estoy seguro de si se suponía que debía «redargüir, reprender y exhortar» o si solo necesitaba «total paciencia y enseñanza»:

Predica la Palabra; persiste en hacerlo, sea o no sea oportuno; corrige, reprende y anima con mucha paciencia, sin dejar de enseñar.

Desde entonces he hablado con muchos pastores de megaiglesias que se encuentran en la misma situación. Uno siente un gran peso y una responsabilidad por ser el que dirige a su congregación por un camino que ahora cree que es incorrecto. Es más, uno crea su propia oposición, la misma gente se lo recordará rápidamente. Y, sin embargo, no puedes seguir en buena conciencia guiándolos de una manera que impida su crecimiento.

Este mandamiento nuevo les doy: que se amen los unos a los otros. Así como yo los he amado, también ustedes deben amarse los unos a los otros. De este modo todos sabrán que son mis discípulos, si se aman los unos a los otros.

—Juan 13:34-35

Esto es lo que Dios quiere: grupos de creyentes maduros que muestren al mundo un amor sobrenatural entre ellos. El componente de amor de la iglesia no es negociable. Con demasiada frecuencia tratamos a la comunidad y al discipulado como complementos opcionales que están a la disposición de aquellos que están interesados en ese tipo de cosas. Es como agregarle aguacate a un burrito: hará que sepa mejor, pero si no vale la pena para ti, no hay necesidad de pagar más.

¡¡Eso es una locura!! ¡Se supone que el objetivo de la iglesia es amar! Se supone que unirse a la iglesia es unirse a esa asombrosa unidad con Dios y con los demás. Cuando comencé Cornerstone, mi objetivo no era ese profundo amor sobrenatural. Simplemente asumí que la madurez llegaría si la gente venía todas las semanas y escuchaba los mejores sermones que pudiera exponer. Ahora me doy cuenta de que la madurez tiene tanto que ver con la relación como con el conocimiento. Pero no todo el mundo está interesado en la perfecta unidad entre ellos. Hay quienes están interesados en «ir a la iglesia» para disfrutar un servicio de una hora, pero no desean entablar relaciones profundas. ¡Esto no tiene sentido bíblicamente! La iglesia ES un cuerpo unido. Cuanto más madura una iglesia, más profundo será su amor. Nuestro malentendido de la madurez ha dejado a la iglesia inmadura.

El amor es para los bebés

Parece que, al menos en algunos círculos, hemos empezado a menospreciar a quienes enfatizan el amor y a considerarlos como inmaduros. Como si pensáramos que los bebés cristianos necesitan que se les enseñe sobre el amor, pero en definitiva deberían crecer y pasar a temas más maduros: escatología, eventos y tiempos de la creación y otros detalles esotéricos. ¿Quién decidió que enfatizar la doctrina era maduro y hacer hincapié en el amor era inmaduro? Por todo lo que puedo ver en el Nuevo Testamento, el amor no es algo que uno simplemente deja atrás. Considera la forma en que Pablo escribe a la iglesia de Tesalónica:

> *Que el Dios y Padre nuestro, y nuestro Señor Jesús, nos preparen el camino para ir a verlos. Que el Señor los haga crecer para que se amen más y más unos a otros, y a todos, tal como nosotros los amamos a ustedes. Que los fortalezca interiormente para que, cuando nuestro Señor Jesús venga con todos sus santos, la santidad de ustedes sea intachable delante de nuestro Dios y Padre.*
>
> —1 Tesalonicenses 3:11-13

> *En cuanto al amor fraternal, no necesitan que les escribamos, porque Dios mismo les ha enseñado a amarse unos a otros. En efecto, ustedes aman a todos los hermanos que viven en Macedonia. No obstante, hermanos, les animamos a amarse aún más.*
>
> —1 Tesalonicenses 3:11-13

> *Hermanos, siempre debemos dar gracias a Dios por ustedes, como es justo, porque su fe se acrecienta cada vez más, y en cada uno de ustedes sigue abundando el amor hacia los otros.*
>
> —2 Tesalonicenses 1:3

Seguramente parece que, según estos pasajes, entre muchos otros, una de las principales medidas de la madurez de Pablo era el amor.

En el primer pasaje, Pablo ora para que Dios haga que los creyentes crezcan y abunden en amor, para que sus corazones sean perfectos en santidad. ¡El amor aquí casi parece equipararse con la santificación! Recuerda el diagrama anterior. El lugar donde la mayoría de las personas comienzan a desviarse del camino hacia la madurez es en el punto en el que deben comenzar a discipular a otros y caminar profundamente con otros creyentes. La santificación depende de la relación. Depende del amor.

¡Y esto tiene mucho sentido! Cualquiera que sea padre o incluso cónyuge entiende que la familia lo santifica a uno como ninguna otra cosa. Cuando te casas, de repente tu vida no es tuya. Tu paciencia, humildad, gentileza y autocontrol se ponen a prueba a un nivel más cercano que nunca. Los defectos que son fáciles de enmascarar desde la distancia comienzan a mostrar sus verdaderos colores bastante rápido. Luego, antes de que te des cuenta, tienes un bebé, y la cantidad de paciencia y gentileza que necesitas parece dispararse de nuevo.

Nunca fuimos destinados a cultivar estas virtudes de forma aislada. Dios nos ha creado de tal manera que anhelemos las relaciones y la familia. Él diseñó la iglesia para que fuera una familia aún más dedicada a los demás que a sus familias biológicas (Lucas 14:26; Mateo 12:46-50).

«Una forma aún más excelente»

Nuestro trabajo es hacer que la gente adopte esta mentalidad. De acuerdo a nuestro propio razonamiento pensamos: «La gente simplemente no está interesada en esto». Probablemente tengamos razón. Pero si Jesús lo dijo así, con tanta claridad —que había una forma más excelente—, no podemos conformarnos con lo que la gente naturalmente quiera hacer.

Los cristianos parecen querer seguir aprendiendo toda su vida en un entorno evasivo en el que no se espera que actúen de acuerdo con lo que han aprendido. Tal vez sea así. Pero eso no puede evitar que sigamos lo que Jesús manda. Nuestro mayor objetivo no puede ser mantener a la gente cerca. No podemos ser negligentes con el discipulado.

Somos tan propensos a olvidar que Jesús literal y específicamente dijo que los dos mandamientos más importantes son: (1) amar a Dios y (2) amar a las personas que nos rodean (Mateo 22:36-40). Una parte clave del discipulado es enseñar a las personas a que aprendan declaraciones como esta. El otro elemento crucial es enseñar a las personas a vivir como si esta enseñanza fuera cierta.

Cuando equiparamos la madurez con el conocimiento, es fácil justificar una vida dedicada a adquirir conocimientos y encontrar fallas en los demás. Por supuesto, hay mandamientos bíblicos para evitar la falsa doctrina e instrucciones para corregir a aquellos que enseñan algo diferente a la verdad de Dios. Esos pasajes son numerosos y debemos tomarlos en serio. Pero no se pueden tomar de forma aislada.

La Biblia da muchos *más* mandamientos de amar a los demás, de unirse con los demás, de evitar disputas y divisiones y, además, de promover la paz. Todos deben tomarse en serio. Al pie de la letra, incluso. Pero requieren algo de nosotros. La madurez verdadera se parece a vivir enamorados siempre. Puesto que el amor «se regocija con la verdad» (1 Corintios 13:6); además, el amor maduro incluye celo por la verdad doctrinal. Pero ese amor encontrará formas no solo de expresarse sino de ser amable, paciente, no envidioso, ni jactancioso, ni arrogante, ni grosero; así como todos los demás rasgos del amor.

Este camino hacia la madurez requiere mucho más sacrificio, inversión y esfuerzo. «Pero estrecha es la puerta y angosto el camino que conduce a la vida, y son pocos los que la encuentran» (Mateo 7:14). Sin embargo, al igual que tener una familia, las recompensas son incomparables.

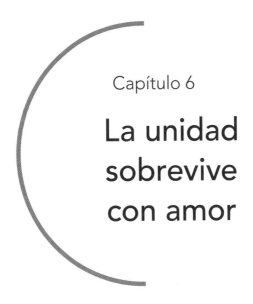

Capítulo 6

La unidad sobrevive con amor

El amor es la respuesta

¿Es posible valorar la teología, odiar el pecado y luchar por la unidad? Si es así, tenemos muy pocos ejemplos de ello. Las personas que quieren la unidad a menudo tienen una actitud que dice: «¿No podemos llevarnos bien todos?», actitud que minimiza la seriedad de la buena teología y un estilo de vida santo. Puesto que Dios ordena las tres cosas, debe haber una manera de crecer en nuestra teología, en nuestra santidad y en la unidad simultáneamente.

Es probable que parezca demasiado simple y hasta cursi, pero el amor es la respuesta.

Nuestras divisiones, por lo general, no son causadas por alguna diferencia en la teología, sino por la falta de relación. Nuestro problema no es la diferencia de opinión o interpretación que tengamos; es la superficialidad de nuestro «amor». Nuestro amor, si es que podemos llamarlo así, no nace de una rica teología que nos recuerde la realidad espiritual de que somos un solo cuerpo. La mayoría afirmaría esta verdad con mucho gusto, pero nunca nos hemos tomado el tiempo para meditar en ella e interiorizarla.

Cuando estás profundamente enamorado, la división es inimaginable. No puedo imaginar una situación en la que me resulte más fácil dejar a mi esposa que resolver el problema. La amo demasiado para hacer eso. Distanciarme de ella sería devastador. En la iglesia, nos dividimos fácilmente porque amamos de una manera superficial, poco profunda.

No quiero insistir en el tema, pero no puedo imaginarme diciéndole a Lisa que sería más fácil si me quedara con tres de los niños y comenzara una nueva familia. Ella, a su vez, podría mantener la casa, los otros cuatro niños y seguir con la familia en marcha. Sé que esto sucede todo el tiempo cuando el amor se desvanece y ese, precisamente, es el punto que deseo tratar. En nuestro caso, después de veintisiete años de matrimonio, nuestro amor solo se ha hecho más profundo. Cada año es más difícil imaginarme lejos de ella. Cada año creo que somos capaces de sobrevivir juntos a conflictos aun mayores. Nuestros argumentos se vuelven más dóciles a lo largo de los años porque ambos valoramos más estar juntos de lo que valoramos tener la razón.

¿A quién estamos engañando?

Es fácil detectar el amor verdadero. A veces, simplemente, se ve en las expresiones o el lenguaje corporal de una persona. Otras veces, la obsesión se manifiesta mediante constantes afirmaciones o sacrificios. Es obvio cuando alguien ama profundamente a su novia, esposa o hijo. También es bastante evidente para quienes los rodean si ese amor no existe y la relación es obligatoria. Mi punto es que realmente no estamos engañando a nadie con nuestros encuentros en los que nos saludamos forzadamente en la iglesia ni con nuestros sermones y canciones sobre el amor cristiano. Cuando falta amor, casi empeora el hecho de que sigamos hablando de él ya que no deberíamos necesitar hacerlo. Dudo que Jesús se pasara el tiempo diciéndoles a todos cuánto amaba a sus discípulos. Todo el mundo sabía eso y lo notaba. Era muy obvio. En vez de mejorar nuestro verbo y sus matices, debemos rogar por un cambio de actitud.

A pesar de nuestras palabras, nuestra falta de amor verdadero es clara para el resto del mundo. Nuestro orgullo teológico ha creado divisiones profundas. Los únicos que no pueden ver esto son los que no quieren. Nuestro enojo por el pecado del otro es igualmente obvio. Podemos tratar de enmascararlo como dolor y preocupación, pero el mundo lo ve por lo que es más a menudo: justicia propia y ansias de juzgar. Hoy en día es muy difícil encontrar a alguien fuera de la iglesia que realmente la admire. Lo mejor que nos puede decir un no cristiano es: «Me alegra que hayas encontrado algo que te funcione». Estamos a años luz del amor que muestra al mundo que hemos sido discipulados por Jesús.

El sueño

Imagínate que entras en una habitación donde no haya una sola persona que piense en sí misma, incluido tú. Un lugar en el que todos —con humildad— consideren a los demás más importantes que ellos mismos. Y no se trata de un altruismo forzado ni superficial. Es que en realidad, el ambiente es así. Todos están tan abrumados por el amor de Dios que no tienen necesidad de recibir solamente ellos esa actitud. No solo te dicen cosas alentadoras, sino que puedes darte cuenta de que en el fondo realmente lo sienten. Realmente te aman y han estado orando por ti durante toda la semana. Todos trabajan a su manera a lo largo de la sala, bendiciendo a todos los que ven. Dios les ha dado a algunos de ellos palabras específicas de aliento o exhortación para ti. Otros están leyendo las Escrituras para tu deleite o están orando por ti debido a una necesidad tuya. Algunos pueden tener dones físicos que el Espíritu Santo les dijo que te dieran mientras oraban por ti esa semana.

Es más que una familia. Todos tratan a los demás como si fueran miembros de un mismo cuerpo. Lloramos juntos, celebramos juntos. No hay una persona en la habitación que no daría su vida por ti. No hay familia que no te abriría su hogar si lo necesitaras. Ricos o pobres, nadie vería sus posesiones como pertenecientes a ellos exclusivamente. Todos son dadores. No hay chismes, juicios impíos ni peleas. Viven como un solo cuerpo.

Dios está claramente en medio de ustedes y comienzan a ocurrir milagros. El amor profundo da como resultado que Dios derrame poder del cielo. Tus amigos se curan de las enfermedades y las dolencias. Los incrédulos encuentran a Cristo por primera vez. Hablan entre ellos palabras de conocimiento y profecía. El mayor milagro es el gozo y la paz que todos sienten en la presencia de Dios. De forma tal que disfrutas de la alegría de saber que eso no es solo una reunión. Sino que así es la vida. Esta es tu tribu, tu familia, tu iglesia.

Imagínate que sabes que hay grupos como este en todo el mundo. Tienes hermanos y hermanas, miembros del cuerpo, en todos los países. Puede ir a cualquiera de esos grupos y sentir la misma unidad y sacrificio mutuo. Tienes familia en toda la tierra. Las personas más felices del planeta, totalmente seguras de su unidad con Dios, amándote como tú las amas. Todos tus miedos se convierten en completa seguridad. Siempre supiste que Dios prometió proveer para ti, pero ahora ves que el cuerpo de Cristo te promete lo mismo.

Antes me preguntaba, a menudo, si eso podría suceder alguna vez en esta tierra, pero ahora he visto destellos de ello. Antes de que te decepciones de que tu iglesia no viva de esta manera, pregúntate si podría ser así.

La pesadilla

Hace dos años, participé en un evento. Les ahorraré todos los detalles, pero el tiempo que pasé con ese grupo fue especial. El tiempo que pasé con el Señor fue único ya que disfruté compañerismo con todos los que estaban presentes. Su líder era como ningún otro que había conocido. Su humildad fue diferente;

diría que destacada. No fue forzada. No estaba tratando de parecer humilde; realmente se identificaba conmigo. Ese líder fue un ejemplo para mí, cosa que sigue siendo hasta el día de hoy. Seguí pensando en la escena de Juan 1:47: «Cuando Jesús vio que Natanael se le acercaba, comentó: Aquí tienen a un verdadero israelita, en quien no hay falsedad». El líder de quien hablo no parecía tener ninguna ambición egoísta cuando estaba llevando a grandes grupos al verdadero discipulado. Su conocimiento de la Palabra era ejemplar y su amor por las personas evidente. En resumen, me recordó mucho a Jesús. Comenzamos a servir juntos en diversas actividades y Dios hizo cosas únicas a través de nosotros cada vez que estuvimos juntos.

Luego vino el conflicto.

Un par de miembros de mi personal se me acercaron un día y me preguntaron: «¿Sabía usted que la organización de él es fuertemente igualitaria? De hecho, incluso escribieron un libro al respecto». Fue así que empezamos a cuestionarnos si nuestra asociación podría continuar adelante. Si ambos estuviéramos entrenando líderes cristianos, ¿cómo podría uno de nosotros enseñar que Dios quiere que los hombres y las mujeres sean ancianos en la iglesia, mientras que el otro enseña que el papel del anciano está reservado para los hombres? Ambos parecíamos haber escudriñado las Escrituras a fondo, y ninguno de nosotros parecía tener una agenda egoísta, sin embargo, llegamos a diferentes interpretaciones de los mismos textos bíblicos. Mi respuesta inmediata fue hacer lo que la mayoría de nosotros hacemos en esas situaciones: practicar el distanciamiento social. Admitamos que

En la iglesia,

nos dividimos fácilmente

porque amamos

superficialmente.

los dos somos cristianos, que nos separamos sin altercados, que afirmamos nuestra amistad, pero mantengámonos a distancia de aquí en adelante.

Esa suele ser la forma más fácil de mantener la unidad cristiana y evitar que el conflicto se intensifique.

Sin embargo, había algo bíblicamente mal al tomar ese camino; por lo que no me sentí en paz al respecto y se debía a dos razones. (1) Jesús me ha ordenado que ame a mi hermano como él me ama a mí. Jesús no me ha mantenido a una distancia segura, al contrario, sigue buscando un amor más profundo. (2) No veo este desacuerdo teológico como algo que justifique la separación.

Quizás había una razón más profunda para mi malestar en cuanto a la idea de separarme de ese líder que la falta de lógica bíblica para ello. Había un amor verdadero entre nosotros, por lo que no fue fácil separarnos. Vimos a Dios hacer las cosas de manera única cuando ministramos juntos. Nos había mostrado que estábamos sirviendo mejor juntos. Cuanto más hablábamos de los problemas, más pensábamos que incluso ese desacuerdo podría ser una bendición del reino. Si descubrimos cómo buscar la unidad en lugar de distanciarnos en nuestro desacuerdo, tal vez Dios podría usarnos como ejemplo.

Unos meses más tarde nos encontramos en Myanmar, cada uno de nosotros con los miembros de su ministerio sirviendo juntos para llegar a personas que nunca habían oído hablar de Jesús. Nos comprometimos a buscar la unidad y comenzamos a experimentar los beneficios «buenos y agradables» de la unidad descritos en el Salmo 133. Uno de sus líderes señaló el versículo 3, que dice: «Donde se da esta armonía, el Señor concede bendición y vida eterna». Dedujimos que no solo íbamos a experimentar el gozo de la unidad, sino que Dios enviaría bendiciones en ese tipo de relación. Y eso es exactamente lo que experimentamos durante los próximos días.

He creído que los milagros de sanidad eran posibles y he creído en los testimonios de amigos que los habían experimentado. Nunca los había visto con mis propios ojos, hasta ese viaje. Nunca vi al Señor usarme como vehículo para hacer sus actos de curación. De hecho, estuve presente cuando vi cómo unos niños sordos escucharon por primera vez. Fui yo quien tuve el honor de imponer las manos a la gente y ver cómo el dolor y la hinchazón desaparecían. Lo más importante es que vi personas que ni siquiera habían oído hablar de Jesús empezar a aceptarlo. Sin exagerar, esos fueron los mejores días de mi vida. Creo que hubo algo en busca de la unidad, aun en medio de diferencias teológicas, junto con la búsqueda de los no alcanzados que resultó en una tremenda bendición.

La teología no debería dividirnos

Algunos de ustedes están leyendo esto y piensan que suena bien en teoría, pero ¿qué sucede cuando la interpretación de alguien parece ser una completa contradicción de las Escrituras? ¿Se supone que debo buscar la unidad a toda costa? La respuesta a eso es no. La precisión doctrinal en cuestiones primarias es vital. Pablo dijo que cualquiera que predique un evangelio diferente

debe ser maldecido (Gálatas 1:8). Lo explica en 1 Corintios 15:1-8.
No se puede tolerar ningún desvío ni distorsión al respecto. Así
como hay un tiempo en que el pecado debe dividir, también
hay un tiempo en que los falsos maestros deben ser sacados de
la iglesia.

*Es que han salido por el mundo muchos engañadores que no
reconocen que Jesucristo ha venido en cuerpo humano. El que
así actúa es el engañador y el anticristo. Cuídense de no echar
a perder el fruto de nuestro trabajo; procuren más bien recibir la
recompensa completa. Todo el que se descarría y no permanece
en la enseñanza de Cristo no tiene a Dios; el que permanece
en la enseñanza sí tiene al Padre y al Hijo. Si alguien los
visita y no lleva esta enseñanza, no lo reciban en casa ni le den
la bienvenida, pues quien le da la bienvenida se hace cómplice
de sus malas obras.*

—Juan 1:7-11

Juan advierte a los creyentes que hay «engañadores» que han
de difundir sus falsas enseñanzas por doquier. Aquí cita que «no
reconocen que Jesucristo ha venido en cuerpo humano». En vez
de enseñar las mismas cosas que enseñó Jesús mientras estuvo en
la tierra, niegan que él vino en carne. Juan es explícito en el sentido de que debemos alejarnos de aquellos que no «permanecen
en la enseñanza de Cristo». Debemos buscar maestros que, por
la evidencia de su enseñanza y su estilo de vida, permanezcan en
Cristo y se nieguen a recibir a los que no acatan sus enseñanzas.

He visto este pasaje utilizado por los cazadores de herejías que pululan en la actualidad con el fin de que se anime a expulsar de las congregaciones a cualquiera que no se adhiera a ninguna posición teológica que ellos sostengan. Solo me gustaría advertirles que Juan está hablando del caso extremo y específico aquí de personas que negaron que Cristo vino en carne. No se trata de cualquier punto teológico.

Recuerda que Pablo les dijo a los corintios: «Me propuse más bien, estando entre ustedes, no saber de cosa alguna, excepto de Jesucristo, y de este crucificado» (1 Corintios 2:2). ¿Significa eso que no le importaba otra cosa ni que enseñaba nada más? ¡Por supuesto que no! Pero los escritores del Nuevo Testamento tenían una clara preocupación por las creencias clave con respecto a Jesús.

Estas son algunas de las falsas enseñanzas contra las que se advierte en el Nuevo Testamento:

- Afirmar que «Yo soy el Cristo» (Mateo 24:5).
- «Maldecir a Jesús» (1 Corintios 12:3).
- Juzgar a las personas por los alimentos que comen y las festividades que celebran, lo que requiere una severa disciplina corporal como medio para alcanzar la piedad (Colosenses 2:16-23).
- Quedar atrapado en «mitos y genealogías sin fin, que promueven especulaciones» (1 Timoteo 1:4).
- Prohibir el matrimonio y ciertos alimentos (1 Timoteo 4:3).

- Divagar en cuanto a «mitos» (2 Timoteo 4:4).
- Negar que Jesús vino en carne (1 Juan 4:1-3; 2 Juan 7).
- Convertir la gracia de Dios en sensualidad (Judas 4).

Aquí estamos hablando de las verdades clave del evangelio más acordes con el «no saber nada entre vosotros de Pablo excepto a Jesucristo y a él crucificado» que con las creencias sobre el fin de los tiempos o el uso correcto de los dones espirituales o la reforma social o el modo de vivir, el bautismo o la naturaleza precisa de la Cena del Señor. Insisto, no estoy diciendo que las creencias sobre todas estas cosas no sean importantes. Pero estoy sugiriendo que hemos tomado la categoría bíblica de «falso maestro» y empezamos a aplicarla a cualquiera que no esté de acuerdo con nosotros en prácticamente cualquier cosa. ¡Eso es calumnia!

Esto no significa que no desafiemos las acciones o enseñanzas de los demás, pero debemos hacerlo con amor y humildad, buscando que se arrepientan. Pablo confrontó a Pedro directamente cuando observó que la «conducta de Pedro no estaba en sintonía con la verdad del evangelio», curiosamente porque con su actitud estaba fomentando la división entre judíos y gentiles en el cuerpo (Gálatas 2:11-14). Esa confrontación con amor ¡es vital! No podemos ser indulgentes con la verdad. Pero tenemos que buscar la verdad de la misma manera que lo hicieron Jesús y los apóstoles.

Sociedad sin transigencias

La unidad no requiere que transijamos con nuestras propias convicciones. Pablo les dice a los romanos que «cada uno debe estar firme en sus propias opiniones» (14:5). Y continúa explicando que cada persona será juzgada por Dios, por lo que cada uno debe tener cuidado de obedecer las Escrituras de acuerdo a su mejor comprensión de ellas. En este pasaje, Pablo dice algunas cosas que a primera vista parecen relativistas. Sin embargo, te desafío a orar con plena fe para que el Espíritu Santo esté contigo, y medites en estos versículos para que veas lo que Dios te revela.

> *Por tanto, dejemos de juzgarnos unos a otros. Más bien, propónganse no poner tropiezos ni obstáculos al hermano. Yo, de mi parte, estoy plenamente convencido en el Señor Jesús de que no hay nada impuro en sí mismo. Si algo es impuro, lo es solamente para quien así lo considera. Ahora bien, si tu hermano se angustia por causa de lo que comes, ya no te comportas con amor. No destruyas, por causa de la comida, al hermano por quien Cristo murió. En una palabra, no den lugar a que se hable mal del bien que ustedes practican, porque el reino de Dios no es cuestión de comidas o bebidas, sino de justicia, paz y alegría en el Espíritu Santo. El que de esta manera sirve a Cristo agrada a Dios y es aprobado por sus semejantes. Por lo tanto, esforcémonos por promover todo lo que conduzca a la paz y a la mutua edificación*
>
> —Romanos 14:13-19

A primera vista, Pablo se parece mucho a la gente de nuestra cultura que suele decir: «Me alegro de que eso cuadre con tus ideas, pero tengo mi propia verdad». Después de todo, Pablo está diciendo que dos personas pueden comer lo mismo, sin embargo, eso podría ser correcto para una e incorrecto para la otra. No obstante, Pablo no está enseñando ninguna clase de relatividad aquí. Lo que está explicando es que hay una verdad absoluta: «nada es impuro en sí mismo». Luego muestra que hay más en tener la razón a los ojos de Dios que en saber la respuesta correcta. Podemos ser técnicamente correctos, pero terriblemente pecadores.

Dios no solo busca la respuesta correcta, sino el amor y las prioridades adecuadas.

Abordemos este pasaje con reverencia. No podemos menospreciarlo ni reaccionar en forma exagerada. El temor subyacente de Pablo a Dios está entretejido a lo largo de este pasaje. Él acaba de recordarles a esos cristianos que cada uno rendirá cuentas ante Dios.

Cada frase es una palabra del Señor, así que tratémosla como tal. Tómate tu tiempo para observar cada una de las frases de este pasaje. Por ahora, solo quiero señalar algunas que puedes haber leído, pero nunca digerido.

«Si algo es impuro, lo es solamente para quien así lo considera».

El punto de Pablo es que, si alguien todavía no está seguro de un principio bíblico, puede llevar a esa persona al pecado empujándola a hacer algo con lo que aún no tiene la conciencia tranquila ante Dios.

«Si tu hermano se angustia por causa de lo que comes,
ya no te comportas con amor».

No veas esto demasiado a la ligera. Hay una prioridad dada a caminar en el amor que debemos internalizar. Pablo advierte de un peligro que puede infiltrarse rápidamente en cualquiera de nosotros. Podemos estar tan concentrados en nuestros debates que perdamos de vista el amor.

«No destruyas, por causa de la comida, al hermano por quien
Cristo murió».

Medita en aquel «por quien Cristo murió». Es muy saludable meditar en el amor de Cristo hacia personas específicas. Eso nos recuerda sus sentimientos hacia esas personas. Los amó lo suficiente como para morir por ellos. Internalizar esa verdad podría superar nuestra irritación e indiferencia.

«El reino de Dios no es cuestión de comidas o bebidas,
sino de justicia, paz y alegría en el Espíritu Santo».

El reino tiene que ver con «justicia, paz y alegría en el Espíritu Santo». El uso inadecuado de nuestro «conocimiento» puede, en realidad, alejar a las personas de estas cosas y hacer que se concentren en cuestiones menores.

«El que de esta manera sirve a Cristo agrada a Dios».

No se trata de encontrar la respuesta correcta a la pregunta de qué es aceptable comer. Si estamos sirviendo a Cristo con justicia, paz y alegría en el Espíritu Santo, entonces somos aceptables a

Dios. ¿Qué estándar de ortodoxia podríamos agregar a esto que sea más importante que alguien sea declarado «aceptable a Dios»?

«Esforcémonos por promover todo lo que conduzca a la paz
y a la mutua edificación».
El objetivo es la paz y la edificación. Parece que a menudo dejamos que nuestro objetivo se deslice hacia la corrección y la exclusión.

Tenemos que dejar de suponer que todos los que están bien con Dios se verán, actuarán y pensarán exactamente como nosotros. Debe haber libertad entre los pastores para cuidar de sus rebaños de la manera en que se sientan bien ante Dios. No estoy diciendo que este sea un camino fácil, lo que estoy diciendo es que nos sorprenderá cómo se encuentran las resoluciones cuando el amor es lo central.

Un cuerpo, un espíritu

En Efesios 4, Pablo escribe: «Por eso yo, que estoy preso por la causa del Señor, les ruego que vivan de una manera digna del llamamiento que han recibido, siempre humildes y amables, pacientes, tolerantes unos con otros en amor. Esfuércense por mantener la unidad del Espíritu mediante el vínculo de la paz» (vv. 1-3). Observa que él no dice que necesitamos crear o cultivar la unidad del Espíritu, sino *mantenerla*.

Luego continúa escribiendo que «hay *un* cuerpo y *un* Espíritu».

En su libro *La vida normal de la iglesia cristiana*, Watchman Nee escribió un capítulo sobre la base de la unión y la división. Según él, la base sobre la cual aceptamos o rechazamos a cualquier persona en la familia de Dios tiene que ser si esa persona tiene o no el Espíritu Santo. En sus palabras:

> *¿Cómo vamos a determinar quiénes son nuestros hermanos y miembros en la Iglesia de Dios? No lo haremos preguntando si tienen los mismos puntos de vista doctrinales que nosotros, o si han tenido las mismas experiencias espirituales; ni viendo si sus costumbres, forma de vida, intereses y preferencias concuerdan con las nuestras. Simplemente preguntamos: ¿Mora en ellos el Espíritu de Dios o no? No podemos insistir en la unidad de opiniones, o la unidad de experiencia, o cualquier otra unidad entre los creyentes, excepto en la unidad del Espíritu. Esa unidad puede existir, y siempre debe existir, entre los hijos de Dios. Todos los que tienen esta unidad están en la Iglesia.*[5]

En última instancia, no podemos determinar quién es llamado hijo de Dios; él es quien lo hace. Y la señal que él da para confirmar la salvación de alguien es que more el Espíritu Santo en la persona.

Vemos esta escena en la iglesia primitiva en Hechos 10-11, cuando Pedro tiene su visión en la que observa una gran sábana suspendida por las cuatro puntas, que descendía hacia la tierra y había en ella toda clase de animales «inmundos». Poco después,

Pedro recibe instrucciones de que fuera a la casa de un creyente gentil. Ahí les predica a él y a su familia, y el Espíritu Santo cae sobre ellos. Cuando Pedro regresa a Jerusalén, se encuentra con la oposición y las críticas de los creyentes judíos porque pasó tiempo con unos gentiles incircuncisos. En su defensa, Pedro les dice que el Espíritu Santo cayó sobre los gentiles. Hechos 11:18 relata: «Al oír esto, se apaciguaron y alabaron a Dios diciendo: ¡Así que también a los gentiles les ha concedido Dios el arrepentimiento para vida!». Había una reverencia tal por el Espíritu Santo en aquellos tiempos que, aunque aquello iba en contra de todas sus normas culturales y de sus creencias profundamente arraigadas, no podían llamar inmundo a lo que Dios había considerado puro.

Debemos tener mucho cuidado en cuanto a no tomar el lugar del Espíritu Santo en nombre del discernimiento o la sabiduría. Puedes estar seguro de que Dios no tomará a la ligera la difamación de uno de sus hijos. Ahora tengo siete hijos. ¿Te imaginas lo absurdo que sería para mí si seis de ellos se juntaran y decidieran excomulgar a uno de sus hermanos de la familia? No importa cuántos argumentos o diferencias tengan mis hijos, siempre serán familia porque tienen el mismo ADN.

Con demasiada frecuencia, hemos hecho de la doctrina el quid del asunto al evaluar a otros creyentes más allá de la sencilla consideración de la presencia del Espíritu Santo en ellos. Yo sé que la tengo. Si estás dispuesto a permitir que la presencia del Espíritu tenga prioridad por encima de tus principios teológicos en cuestiones secundarias, creo que encontrarás una familia de

Si estás dispuesto a

dejar que la presencia

del Espíritu tenga prioridad...

encontrarás una familia de creyentes

mucho más diversa y hermosa

puesto que esa es la familia que

Dios ha creado, no la que

tú has elegido.

creyentes mucho más diversa y hermosa puesto que esa es la familia que Dios ha creado, no la que tú has elegido.

El verdadero hijo pródigo

Una forma de considerar el concepto de unidad es imaginar que Dios nos está llamando a todos a unirnos a él en una mesa para comer. Después de toda la angustia, la rebelión, las dudas y la lucha, la Biblia termina con una imagen del pueblo de Dios uniéndose con él para la fiesta de bodas. Incluso ahora, la mesa está abierta y la obra de Dios en este mundo consiste en atraernos para sentarnos y comer.

En la parábola de Jesús referente al hijo pródigo (Lucas 15:11-32), uno de los hijos del jefe de familia se va de la casa para gastar su parte de la herencia mientras que el otro se queda en casa con su padre. Cuando el joven pródigo regresa a casa avergonzado, el padre corre para abrazarlo y restaurarlo mientras el hermano mayor se enfurece afuera y se niega a unirse a la fiesta que organiza su padre para celebrar el regreso del hijo.

Tendemos a centrarnos en los hijos en esta historia, pero deberíamos preguntarnos: ¿Cuál es la meta del padre para cada uno de sus hijos? ¡Que se sienten con él a la mesa! ¿A qué se resiste cada uno de los hijos a su manera? A sentarse para comer en familia.

¿Por qué la mesa?

Porque es un lugar de celebración. Un lugar donde se cultivan las relaciones. Un lugar donde hay sanidad. Hay reciprocidad. Igualdad. Gracia. Donde hay bendición.

Los dos hijos son invitados a sentarse a la mesa con su padre. No los convocó a un salón de clases. Ni a un templo. Lo que buscaba el padre no era algo que tuviera que ver con educación o con un ritual. Lo que buscaba era cultivar una relación. No se trataba de lo que pudieran ofrecer. Se trataba de ellos.

Una versión de inmadurez y una fuente de desunión es lo que vemos cuando huimos del Padre con el objeto de ir tras nuestras propias pasiones. Cuando somos capaces de superar la locura que nos lleva a un país lejano en busca de placer, relevancia o independencia, podemos dejar a un lado toda nuestra vergüenza y volver al Padre tal como somos. Podemos dejar de intentar vivir en grande o de labrarnos un nombre. Podemos dejar de huir de la relación que sabemos que en el fondo será la más pura y significativa que jamás experimentaremos.

El Padre está llamando: «Ven a casa. Acompáñame. La mesa está servida. Es tiempo de celebrar».

Sin embargo, la otra versión de inmadurez y fuente de desunión está ahí, como el hermano mayor religioso, que se negó a unirse al partido porque el hermano menor había pecado.

Cuando seamos capaces de exponer nuestra indignación porque el hijo pródigo regresó, de dejar de exigir penitencia o alguna retribución de nuestros hermanos (o hermanas) que han fallado, podremos dejar de lado toda nuestra justicia propia y regresar al Padre así como somos. En esos momentos, sabemos que nosotros y todos nuestros hermanos pertenecemos a la misma mesa. No hay nadie a quien queramos ver excluido. Reconocemos que la mesa fue hecha para *eso*. Dejamos ir nuestro anhelo de celebrar los logros y, en vez de eso, anhelamos celebrar a las personas. Y nuestro amor por ellos nos lleva a aceptar primero la invitación del Padre a la mesa y luego a estar a su lado mientras invita al hijo pródigo a la fiesta. El Padre está llamando: «Ven a casa. Acompáñame. La mesa está servida. Es tiempo de celebrar».

Cualesquiera sean tus pecados pasados o actuales, estás invitado a la mesa de Dios. Comer significa celebrar. Y, de hecho, la fiesta es una celebración en la que *todos* están nuevamente en la mesa. No puedes celebrar solo o únicamente con tus amigos preferidos. La fiesta fluye del gozo del Padre; podemos compartir su gozo. Y ese gozo es por la reunión de todos sus hijos, incluidos los que no están bien y los que casi se negaron a venir debido a su disgusto por la lista de invitados. Todos pertenecen a esta mesa. Celebrar significa comer y beber *juntos*. Como *iguales*. Es más que un apretón de manos o un contrato. Es una fiesta. El punto es disfrutar de la compañía juntos.

Recuerda 1 Juan. No es mantener la línea de precisión doctrinal lo que nos convierte en verdaderos hijos de Dios. Es si hemos recibido o no su amor, si guardamos o no sus mandamientos, y si su amor fluye o no de nosotros a las personas que nos rodean. ¿Cuán diferente se vería la iglesia hoy si en lugar de susurrar intercambios de chismes realmente nos sentáramos a una mesa, nos miráramos a los ojos y disfrutáramos de una verdadera relación? ¿Lo celebrarías así?

Esa fiesta va a suceder con o sin nosotros. La cuestión es la siguiente: el hecho que no nos agraden los invitados ¿impedirá que fraternicemos con nuestros hermanos, nuestras hermanas y hasta con nuestro Padre?

Capítulo 7

La unidad requiere que batallemos

«Dichosos los que trabajan por la paz,
porque serán llamados hijos de Dios».

—Mateo 5:9

A los pacificadores les encanta la unidad y, por naturaleza, detestan los conflictos. El problema es que la unidad nunca se logra sin lucha. No podemos olvidar que tenemos un enemigo cuyo objetivo es engañar y crear división. Satanás quiere que nos separemos de Dios y de los demás. Por tanto, no se va a

quedar sentado ni a permitir que se produzca un movimiento de
unidad en la iglesia. Si alguna vez se va a concretar esa unidad,
requerirá de una batalla. Y eso, por lo general, no es algo natural
para un pacificador, como lo indiqué.

No olvides que Jesús fue el pacificador más grande que ha
existido. Él hizo la paz entre Dios y nosotros. A pesar de ser
conocido por ello —por traer paz—, tuvo algunas palabras duras
para los líderes religiosos de su época. Eso no es una contradicción. Satanás infiltró sus hombres entre el pueblo de Dios con el
fin de desviar su atención de los mandamientos y las prioridades
de Dios.

> *¡Ay de ustedes, maestros de la ley y fariseos, hipócritas! Dan*
> *la décima parte de sus especias: la menta, el anís y el comino.*
> *Pero han descuidado los asuntos más importantes de la ley,*
> *tales como la justicia, la misericordia y la fidelidad. Debían*
> *haber practicado esto sin descuidar aquello. ¡Guías ciegos!*
> *Cuelan el mosquito, pero se tragan el camello.*
>
> —Mateo 23:23-24

Jesús es claro: no todos los problemas son iguales. Hay asuntos
que tienen «más peso». Así como declaró el mayor mandamiento
al final del capítulo anterior, ahora enfatiza las prioridades de
la justicia, la misericordia y la fidelidad. Nota que él plantea su
punto en cuanto a mostrar misericordia mientras expresa algunas
palabras bastante ásperas contra los líderes religiosos. De hecho,
parece hacer un comentario sarcástico que habría avergonzado a

esos líderes. Nos recuerda que hay un momento apropiado para volcar las mesas y hacer declaraciones contundentes contra aquellos que enfatizan las cosas incorrectas.

Necesitamos confrontar eso con cautela porque no tenemos el mismo discernimiento que Jesús. Al mismo tiempo, nuestra meta en la vida es caminar como lo hizo Jesús. Eso significa que hay momentos en los que se debe hablar con valentía. Cuando se maltrata al pueblo de Dios o se denigra la casa de Dios, permanecer en silencio es un acto pecaminoso.

La lucha contra la división

Después de cuatro capítulos en los que exige a los creyentes que terminen con sus divisiones, Pablo comienza el capítulo 5 de 1 Corintios requiriendo que saquen a ciertas personas de sus reuniones. No tendremos la unidad que Dios quiere con su Novia (la Iglesia) nunca, si permitimos que ciertas personas permanezcan en nuestro círculo. Lejos de ser un acto desconsiderado, el amor de la iglesia depende de su capacidad para desafiar la teología errante, confrontar el pecado impenitente y eliminar a aquellos que causan divisiones innecesarias. Cada día, nuevas personas comienzan sus ministerios, dividiendo erróneamente el cuerpo de Cristo. Pueden ser precisos en su evaluación teológica, pero eso no hace que su calumnia sea aceptable. Así como debemos ser extremadamente cautelosos para no dañar a los que son parte del cuerpo, debemos ser igualmente prudentes para sacar a ciertas personas de la iglesia debido al daño que causarían si se quedan.

Pero en esta carta quiero aclararles que no deben relacionarse con
nadie que, llamándose hermano, sea inmoral o avaro, idólatra,
calumniador, borracho o estafador. Con tal persona ni siquiera
deben juntarse para comer. ¿Acaso me toca a mí juzgar a los de
afuera? ¿No son ustedes los que deben juzgar a los de adentro?
Dios juzgará a los de afuera. Expulsen al malvado de entre
ustedes.

—1 Corintios 5:11-13

Pasajes como 1 Corintios 5 son difíciles de digerir para
muchos porque vivimos en una cultura que minimiza la gravedad
del pecado y malinterpreta la gracia. Muchos toman el mandato
de Cristo de «no juzgar» y lo aplican a cada situación, aunque
Pablo claramente nos ordena que juzguemos a las personas que se
llaman a sí mismos «hermanos». Pablo acaba de decirle a la iglesia
«no pronuncies juicio antes de tiempo, antes que venga el Señor,
el cual sacará a la luz lo que ahora está escondido en las tinieblas»
(4:5). Ahora nos ordena que juzguemos a los que están dentro de
la iglesia. Puede sonar contradictorio, pero sabemos que no puede
serlo. Jesús se dirigió a aquellos que juzgaban a otros y al hacerlo
sintió que ellos mismos no estaban sujetos a juicio.

No juzguen a nadie, para que nadie los juzgue a ustedes.
Porque tal como juzguen se les juzgará, y con la medida que
midan a otros, se les medirá a ustedes.

—Mateo 7:1-2

Pablo está corrigiendo la actitud de aquellos que están tan ocupados mirando las pequeñas faltas de los demás que no ven el pecado evidente en sus propias vidas. Esta es una advertencia seria para quienes están en cualquier posición de autoridad. Al ejercer nuestra autoridad, podemos olvidar que todavía estamos bajo una otra mucho más alta. En contexto, Jesús no está diciendo que nunca debemos juzgar universalmente. De hecho, Jesús también dejó claro que hay un momento en el que hay que sacar a las personas de tu comunión. En Mateo 18:15-20, Jesús habla de la persona impenitente que se reúne con los creyentes. Prescribe un proceso amoroso mediante el cual la iglesia debe buscar el arrepentimiento de la persona. Sin embargo, si él o ella se niega a escuchar a un creyente amoroso, a un grupo de creyentes e incluso a toda una congregación, esa persona ya no debe ser aceptada como creyente.

Muchos piensan que sacar a una persona de una iglesia parece algo poco amoroso. Por el contrario, esto no es solo para el beneficio de la iglesia, sino también para beneficio del individuo descarriado.

Cuando se reúnan en el nombre de nuestro Señor Jesús, y con su poder yo los acompañe en espíritu, entreguen a este hombre a Satanás para destrucción de su naturaleza pecaminosa a fin de que su espíritu sea salvo en el día del Señor.

—1 Corintios 5:4-5

¿Cómo puede eso de «entregar a este hombre a Satanás» ser un acto de amor? Solo hay que fijarse en el propósito: «para que su espíritu sea salvo en el día del Señor». Pablo es consciente del día del juicio. Por eso le preocupa el destino eterno de esa persona. La esperanza de sacar de la comunión a las personas que no se arrepienten y entregarlas a Satanás es para su bien eterno. Al apartarlos de la autoridad, la comunión y el cuidado de una congregación amorosa y entregarlos a la autoridad de Satanás, esperamos que encuentren el vacío y la insatisfacción de permanecer en el pecado. La esperanza es que prueben la ausencia de comunión en la iglesia y se den cuenta de que andar en pecado y con Satanás no se compara en nada con estar bien en la iglesia. A medida que su carne es destruida por su pecado, se espera que regresen corriendo a la iglesia.

Nota que esto no se trata de una persona que está luchando con el pecado y que a menudo se arrepiente. Se trata de una persona que comete pecado y se niega a reconocerlo ante Dios y la comunidad cristiana.

Supongo que el noventa y nueve por ciento de los feligreses en Estados Unidos nunca participarían en lo que perciben como un acto cruel y, por supuesto, creen que tienen un método mejor que el de Jesús y Pablo. Hay algunos que nunca se convencerán de que destituir a alguien que dice ser cristiano es lo correcto. Solo te animo a considerar la posibilidad de que, aunque tu posición sea la más popular actualmente, podría no ser la más bíblica. Una práctica general en mi vida es que siempre que mi metodología difiere de la de Cristo, asumo que su método es mejor.

Lucha por los demás

Algo que aprendemos a una edad temprana es que siempre es más fácil ser crítico. Los niños geniales son aquellos que pueden burlarse de los demás para demostrar su superioridad. Si te atreves a defender a alguien que está siendo acosado, corres el riesgo de ser el próximo objetivo. Siempre es más seguro estar en el lado crítico: hablar negativamente sobre los maestros, los padres o los compañeros. Lo mismo es cierto en la iglesia de hoy. Intenta defender a un líder cristiano que cree que fue maltratado. Peor aún, intenta animar a alguien que se equivocó o cayó en pecado. La cultura de nuestra iglesia hace que sea muy difícil hacer comentarios positivos sobre cualquier líder cristiano. Los comentarios negativos generan elogios más fuertes y críticas más suaves. Cada vez menos personas se atreven a hablar a favor de sus hermanos y hermanas, mientras que las voces hostiles aumentan en número y volumen.

Cada líder tiene un grupo de críticos listos para atacar a quienes lo apoyan. He recibido correos electrónicos y llamadas telefónicas que me amenazan con que si no retiro las amables declaraciones que he hecho sobre ciertas personas, me convertiré en el próximo objetivo. Se siente como si uno estuviera en la escuela secundaria otra vez. ¿Me distancio de ciertos hermanos y hermanas para poder sentarme a la mesa con los chicos geniales? ¿O me niego a abandonar a las personas una vez que estoy seguro de que veo el Espíritu en ellas? O podría decidirme por la opción que varios me han sugerido literalmente: pasar el rato con ellos, pero no en público y nunca afirmarlos de ninguna manera públicamente. Estoy seguro de que algunos de ustedes piensan que estoy exagerando en este momento. Ojalá fuera eso. Estos son tiempos difíciles para el líder cristiano. Nunca han sido fáciles, pero tampoco han sido tan difíciles. Eso no es necesariamente algo malo. Aun cuando Pablo sufría por difundir el evangelio, también padecía ataques desde dentro de la iglesia. Por eso escribió 2 Corintios para animar a la iglesia a estar con él y no contra él, por lo que hace una declaración poderosa en el primer capítulo:

> *Nos sentíamos como sentenciados a muerte. Pero eso sucedió para que no confiáramos en nosotros mismos, sino en Dios, que resucita a los muertos.*
>
> —2 Corintios 1:9

Los momentos más dolorosos de la vida nos obligan a confiar en el Dios de la resurrección. Pablo vio eso como algo bueno, nosotros también deberíamos hacerlo. A partir de ello, puedes argumentar que los líderes cristianos deberían endurecerse. No desanimarse, deprimirse ni suicidarse tan fácilmente. Quizás tengas razón, pero ¿Dios realmente tenía la intención de que fuera así? Hablo con muchos pastores que están pendiendo de un hilo o que ya se han rendido. Es como si a las personas que abandonan la fe los golpearan de izquierda a derecha, como si el pecado aumentara en sus ciudades, aumentaran los divorcios, la depresión, las adicciones, sus propias tentaciones y sus luchas familiares, las dificultades financieras, y comparan eso con lo que ocurre con los mejores

El Señor, en su soberanía, decidió que viviéramos en este tiempo, por eso debemos confiar en que él nos dará la gracia para navegar a través de esto con fuerza y amor.

líderes y maestros, y con cosas por el estilo. Pero luego viene el golpe de gracia: las personas que se suponía que estaban muy bien en su esquina fallan.

Mi punto no es hacer que sientas lástima por los líderes cristianos. Siempre habrá quienes puedan aceptar cualquier abuso y verlo como algo bueno, una oportunidad para confiar no en nosotros mismos sino en Dios que resucita a los muertos. Lo que quiero que entiendas es que no tiene por qué ser así, y que es para su beneficio y el beneficio del futuro de la iglesia si con ello luchamos por la unidad. ¿Qué pasaría si los líderes vieran a la iglesia como ven a Dios: como el lugar al que siempre podrían correr?

La noticia me ha estado afectando de manera diferente últimamente. Cuando escucho de líderes cristianos que se suicidan, sostienen aventuras amorosas o abandonan la fe, me pregunto qué estoy haciendo o no que contribuya al problema. ¿Podría haber hecho algún efecto diferente?

¿Ha hecho, mi falta de voluntad para luchar por la unidad cristiana, que más y más personas asuman que nunca la lograremos? ¿Podrían haber sido las cosas diferentes si la iglesia realmente se convirtiera en un grupo que irradiara amor sobrenatural?

Hace un par de años, escribí un artículo para ayudar a los líderes cristianos a responder bien a quienes los han criticado, por lo que quiero compartir algunos de esos pensamientos aquí. Por lo general, o defendemos con la actitud incorrecta o nos desanimamos y no respondemos en absoluto. La Biblia nos enseña cómo responder de una manera piadosa, amorosa y firme que pueda acercar a la iglesia a la unidad.

Respuesta a los cristianos ofensivos

Algunos de nosotros, pastores, recordamos haber iniciado el ministerio antes que aparecieran los teléfonos celulares y el internet. Si alguien quería enfrentarte, tenía que hacerlo en persona. Y si querían ganar seguidores, tenían que conocer gente. Esos días han quedado atrás. Ahora vivimos en una época en la que los extraños pueden escribir cualquier cosa sobre ti y reunir una audiencia de inmediato. De hecho, cuanto más extrema sea la acusación, más atención recibirán. No podemos permitirnos enojarnos por esto. El Señor, en su soberanía, decidió que viviéramos en este tiempo, por lo que debemos confiar en que él nos dará la gracia para navegar a través de esto con fuerza y amor. A continuación, tenemos algunas cosas que he aprendido que pueden serte útiles.

Primero, no reacciones en forma exagerada.

He escuchado a algunos líderes que se enojan con aquellos que confrontan la falsa doctrina. Declaraciones como «No puedo soportar la arrogancia de esos conservadores reformados que piensan que han sido puestos en la tierra para juzgar al resto de nosotros» realmente no ayudan a resolver la situación. Como estuve en el mundo de los conservadores reformados, puedo asegurarte que hay algunos que son humildes y sencillos amantes de Cristo, llenos de gracia y poder. Y son muy necesarios en el Cuerpo de Cristo.

Es probable que sea frustrante ver la gran cantidad de cazadores de herejías y de herejes, que creen genuinamente que su interpretación de las Escrituras es la más precisa. Sin embargo, no olvides el mandato de Dios en cuanto a que no podemos decirle a ninguna parte del cuerpo «No te necesito». La precisión bíblica es importante. Parte del papel de un anciano es refutar la falsa doctrina. No estoy diciendo que todos los que inician un blog o un podcast que afirman salvar al mundo de los falsos maestros sean una bendición o incluso un creyente. Solo digo que necesitamos personas en el cuerpo con la valentía de luchar por la verdad, aunque todos cometemos errores al hacerlo. Gracias a Dios por las personas que todavía se preocupan por la verdad absoluta en una época en la que nada tiene un verdadero y absoluto valor.

En segundo lugar, recuerda tus propios fracasos.

Es posible que esto me sea más pertinente a mí, ya que pasé años creyendo que un teólogo carismático era un oxímoron y que cualquiera que se llamara a sí mismo católico se iba al infierno. Lo irónico es que me he hecho amigo de algunas personas que se llaman a sí mismas «católicos carismáticos», que confían completamente en la sangre derramada de Cristo en cuanto a la salvación de sus almas y son ávidos estudiantes de la Palabra de Dios. Esto no significa que no haya muchos carismáticos que menosprecien las Escrituras antes que sus propias visiones, y personas que se llaman a sí mismas católicas que menosprecian la supremacía de Cristo. Solo digo que solía hacer declaraciones generales arrogantes sobre grupos enteros de personas, por lo que Dios continúa corrigiéndome.

En mi orgullo, hubo un momento en que calumnié sarcásticamente a personas con las que ahora me he disculpado. A veces me equivocaba rotundamente con ellos. Otras veces, tenía razón (al menos eso creo), pero no los amaba —lo cual debía hacer— mientras cuestionaba su teología. Recordar mis propios errores me ayuda a mostrar gracia hacia aquellos que percibo que están equivocados.

En tercer lugar, no dejes de amar nunca.

Se nos ordena que «bendigamos a los que nos maldicen» (ver Lucas 6:28). Jesús nos dice que actuamos como incrédulos cuando devolvemos mal por mal. No tenemos derecho a dejar de amar, especialmente a aquellos que se llaman a sí mismos cristianos. Es por nuestra respuesta amable a todos —hasta a nuestros detractores— que la gente nos verá como hijos de Dios (Mateo 5:44-47).

¡Ten cuidado! Es mejor que no oremos esa línea en el Padrenuestro —«Perdónanos nuestras ofensas, COMO nosotros perdonamos a los que nos ofenden»—, mientras alberguemos la falta de perdón en el corazón. Lo último que quieres es que Dios retenga su gracia debido a tu falta de humildad y de perdón.

Recuerda que sus mandamientos llevan a la vida. Siempre es más fácil permanecer enojado, pero la obediencia conduce a una vida mejor. Recuerdo una vez que pasé un día entero ayunando y orando por un tipo que publicó mentiras sobre mí. Declaraciones vulgares y groseras dirigidas a ti con nombre y apellido son difíciles de leer y, más aun, si vienen de personas que amas. Para que no pienses demasiado en mí, ten la seguridad de que lo primero que afloró a mi mente fueron los pensamientos de venganza. Luego emergieron la ira y el dolor, y fue solo por la gracia de Dios que el

Espíritu Santo me instó a orar, ayunar y a amar. El resultado fue una paz incomprensible, que a menudo es lo que falta en tiempos de ataques y batallas. Dios nos manda orar y, a veces, parece que es más por nuestro bien que por el de los ofensores.

Cuarto, no prestes demasiada atención a las cosas incorrectas. Cuando era niño, me encantaba ver *Monday Night Football*. Recuerdo un juego en el que un tipo se lanzó a la cancha y corrió por el campo en medio del partido. Me reí mientras la policía lo perseguía. La persona se reía cuando lo atraparon puesto que no le importaban las consecuencias. Lo hizo para llamar la atención y captó la de millones de personas. ¿Adivina qué pasó la semana siguiente? Un tipo diferente se dio cuenta de que podía recibir la misma atención de la misma manera. Luego, semana tras semana, los atuendos se volvieron más extravagantes y la gente hizo cosas más escandalosas en el campo. Después de varias semanas, la cadena decidió apagar las cámaras cada vez que alguien entraba al campo. ¿Adivina qué pasó? La gente dejó de correr hacia el campo.

Podemos aprender algo de la cadena de televisión ABC. La gente utilizará cualquier medio para llamar la atención y, a veces, lo más saludable es ignorarlos. Cuando les ponemos atención, a menudo, causan más daño. Para citar a un filósofo moderno:

«Mira, si te disparo, soy un idiota; pero si me disparas tú, entonces eres famoso».[6]

—Rapero JAY-Z

Pablo dice básicamente lo mismo, aunque sin rima:

Al que cause divisiones, amonéstalo dos veces, y después
evítalo.

—Tito 3:10

Quinto, no te rindas. No dejes de predicar y no seas blando en tu predicación. La reacción natural es responder retrocediendo con miedo. Puede resultar abrumador cuando las mismas personas que te atacan son las que se supone que deben apoyarte. Eso puede resultar en una actitud tipo «que se embromen todos, yo renuncio». No asumas esa actitud. Sé firme. Algún día, todo valdrá la pena.

No aflojes. Algunos se preocuparán tanto por las críticas que solo predicarán cosas que sean «seguras», es decir, que no se arriesguen. Escuché a un predicador hacer una gran declaración: «Algunos de ustedes están predicando por la ausencia de críticas más que por la presencia del Espíritu Santo». ¡Muy cierto! ¡No hagas eso! No se suponía que esto fuera fácil. Sigue dejándote guiar por el Espíritu.

Es cierto que Santiago nos enseña a tener cuidado puesto que los maestros serán juzgados de manera más estricta. Solo recuerda que también dice que «si alguien nunca falla en lo que dice, es una persona perfecta» (3:2). Vas a cometer errores. Hablarás mal.

Todos queremos olvidar las conversaciones en las que no salimos ganadores por haber respondido en forma diferente. Sin embargo, es más difícil para aquellos que cometen errores inolvidables.

En sexto lugar, fija tus ojos en Jesús.

A veces paso demasiado tiempo pensando en las acusaciones de las que soy objeto y eso desplaza el espacio mental que podría usar para meditar en la gloria de Dios (Salmos 34:1; Filipenses 4:8). Esa es una clase de espiral descendente que le encanta a Satanás. No dejes que el enemigo te mienta. Ahora mismo puedes apartar la vista de cualquier problema y adorar la majestad de Dios. Lee la historia del fariseo y el recaudador de impuestos en Lucas 18:9-14. El fariseo menospreciaba a todas las personas. Su error no fue solo creerse superior al recaudador de impuestos, sino el hecho de que tuvo que apartar los ojos de Dios para poder jactarse. La Palabra de Dios dice que «el fariseo se puso a orar consigo mismo». Nos lastimamos a nosotros mismos y a aquellos a quienes estamos tratando de impresionar cuando apartamos nuestros ojos de Dios por mucho tiempo. ¿Por qué querer hacer eso?

Séptimo, cree que va a ser más fácil.

Recuerdo la primera vez que eso sucedió. Estaba devastado. Yo era el pastor de la Iglesia Cornerstone en Simi Valley. Fue una iglesia que plantamos mi esposa y yo. En ese momento, había dirigido la congregación durante unos diez años. Habíamos crecido a miles y decidimos construir una instalación más grande. Compramos el terreno, pero entonces sentí la convicción de Dios. Al pensar en todas las personas hambrientas y sufrientes que conocí en el mundo, me costó mucho gastar millones en un edificio. Entonces pensé que como vivíamos en el sur de California, podíamos renunciar a levantar un edificio y reunirnos en el terreno. Así podríamos dar todo ese dinero a las personas necesitadas.

La congregación al fin apoyó la idea y un reportero del periódico de la localidad acudió a entrevistarme. Fue un momento emocionante. La iglesia se estaba animando y ahora el mundo iba a escuchar que los miembros de nuestra congregación estaban dispuestos a sacrificarse por los pobres. Imagínate lo enfermo que me sentí al día siguiente cuando leí el titular: «El pastor intenta eludir la ley». Me engañó. Todo el artículo trataba acerca del terreno que compramos y me acusaba de destruir el medio ambiente y de llevar multitudes de personas a un área que aún no estaba autorizada para celebrar reuniones. Eso hizo que la gente exigiera que me negaran el permiso para usar el terreno con esos fines, pero el reportero aprovechó para acusarme de que intentaba violar la ley. Eso sucedió en el tiempo en que los artículos de noticias se empezaban a publicar en línea y las personas podían comentar. Me desanimé y enojé más y más mientras leía un comentario tras otro. Cuanto más cruel era el comentario, más triste y enfermo me sentía.

Un ataque injustificado puede doler profundamente. Pero puedo decirte que todo se hace más fácil si respondes con amabilidad. Así que le envié un certificado de regalo al reportero para que comiera en un restaurante, ya que Dios me ordenó hacer el bien a los que me odien. Eso no quitó todo el dolor, pero la obediencia es siempre la mejor ruta. A estas alturas me han acusado de muchas cosas. Me etiquetaron como un «predicador del evangelio de la pobreza» porque reduje el tamaño de mi casa y doné demasiado dinero. Hace poco me calificaron «predicador del evangelio de la prosperidad» porque prediqué en un evento en el que también estaba un expositor del evangelio de la prosperidad. Me enorgullezco de ser una de las pocas personas acusadas de predicar tanto sobre la pobreza como sobre la prosperidad. Me han llamado «ultrareformado», «hipercarismático», «extravagante» y «crítico». Algunos dicen que soy parte de la Nueva Reforma Apostólica (sea lo que sea); otros dicen que soy católico. Algunos dicen que soy universalista, mientras que otros me acusan de pensar que soy el Mesías. Es una época interesante en la que vivimos.

Durante uno de los bombardeos más recientes, le decía a mi esposa que estaba muy feliz porque ya eso no me afectaba como antes. Me regocijé porque me di cuenta de que Dios empleó todo eso para fortalecerme. Aun cuando la ira y la venganza solían ser la primera respuesta, la paz y el amor llegaron de manera mucho más natural esta vez.

La lucha por la diversidad

Hemos hablado mucho sobre los peligros de permitir que la teología divida. Si llegas al punto en que puedes dejar a un lado la alineación teológica exacta en asuntos secundarios, encontrarás que todavía hay muchos obstáculos para la unidad. El enemigo incluso usa cosas buenas para profundizar las divisiones. A él le encanta manipular a hombres y mujeres piadosos que se sienten impulsados a luchar contra diversos males del mundo. Satanás puede tomar la ira de ellos contra el mal y desviarla hacia sus compañeros creyentes que no luchan por las mismas causas con tanta pasión. Dentro de la hermosa y diversa familia de Dios, la gente se afilia a diferentes partidos políticos y lucha por diferentes problemas sociales que tú. Ya sea que se trate del movimiento

Black Lives Matter, el cambio climático, el distanciamiento social o cualquier tema nuevo que haya surgido en el momento de leer esto, constantemente surgen nuevas razones para dividir.

¿Por qué no les importa a ellos como a mí?

Con respecto a esos movimientos, no quiero desanimar la pasión de nadie. La gente me hace algo y me molesta. Das un paso de fe solo para encontrarte con cristianos que tratan de calmarte en vez de ayudarte. Todo lo que te pido que hagas es que consideres algunas cosas mientras continúas luchando por las que Dios ha puesto en tu corazón. Evita algunos errores destructivos que he cometido yo en particular.

He pasado muchos años etiquetado como extremista por la forma en que luché por las necesidades de los demás. Si bien creo que la pasión en mí pudo haber sido buena, la falta de paciencia y amabilidad con aquellos a quienes estaba tratando de atraer fue destructiva. Perdí de vista el deseo de Dios por la unidad en su Novia, lo cual no es un pecado menor. Tenemos que descubrir cómo aumentar la acción social mientras crecemos en unidad. Una vez que sacrificamos uno por lo otro, perdemos nuestra efectividad y el derecho a ser escuchados.

La iglesia a veces puede sentirse como una sala de emergencias. Toda persona que se apresura a ingresar a un hospital necesita ayuda inmediata. Te duele tanto el brazo roto que apenas te das cuenta de la niña a la que le duele intensamente la cabeza, o no ves al anciano que acaba de sufrir un derrame cerebral o a la mujer en trabajo de parto. La paciencia es poco común en una sala de emergencias. Al contrario, imperan la ira, las lágrimas y la frustración. De vez en cuando, incluso surgen discusiones cuando los pacientes y las familias debaten cuál es la necesidad más urgente. No es culpa de nadie. Vivimos en un mundo donde nos rodean crisis devastadoras.

Una de las lecciones que he aprendido en la lucha por la justicia es que mucha gente la necesita. Quizás los cristianos no se apresuran a seguirme a veces porque están ocupados interesándose por cosas igualmente importantes. Considera la siguiente lista.

Detesto etiquetar estos «problemas sociales» porque estamos hablando de sufrimiento real en personas reales y no de «problemas» solamente. Incluso mientras escribía esto, me convencieron de que últimamente no había pensado mucho en algunas de estas cosas. También le agradecí a Dios que algunos de ustedes hayan estado luchando constantemente por estas personas.

Algunos luchan contra la esclavitud y el tráfico de personas

- Cinco millones de niños sufren esclavitud en este momento. Muchos se ven obligados a realizar actos sexuales repugnantes varias veces al día.
- En la actualidad, hay aproximadamente cuarenta millones de esclavos en el mundo.

Puedo ver por qué algunos de ustedes están obsesionados con liberar esclavos. Después de todo, haríamos cualquier cosa que pudiéramos para rescatar a nuestros propios hijos si estuvieran atrapados en ese tipo de horror.

Algunos luchan por quienes mueren de hambre o carecen de agua

- Actualmente 815 millones de personas en la tierra pasan hambre cada día.
- Nueve millones de personas mueren cada año por causas relacionadas con el hambre.

Cualquiera que haya ayunado ha sentido el sufrimiento de pasar unos días sin comer. Ya que Jesús dijo que descuidar a los hambrientos era lo mismo que descuidarlo a él, puedo ver por qué mantienes esto como máxima prioridad. Si viera a Jesús muriéndose de hambre, probablemente dejaría todo para alimentarlo.

Algunos luchan por los derechos de los no nacidos

- Hoy, 3.000 bebés por nacer serán asesinados en los EE. UU. Otros 3000 mañana...
- En todo el mundo, 50 millones de bebés creados a imagen de Dios morirán por aborto este año.

¿Hay algún pecado peor que el asesinato? Puedo ver por qué algunos de ustedes han dedicado sus vidas a luchar por los no nacidos.

Algunos luchan por las viudas y los huérfanos

- Hay 150 millones de huérfanos en el mundo.
- Hay 400.000 niños no deseados en el sistema de cuidado de crianza de los Estados Unidos.
- Solo en la India hay 40 millones de viudas, muchas de las cuales sufren atrocidades indescriptibles.

La Escritura explica con mucha claridad que «la religión pura y sin mancha delante de Dios el Padre es esta: visitar a los huérfanos y a las viudas en su aflicción» (Santiago 1:27). Tiene sentido que algunos de ustedes hagan de esto la máxima prioridad. Se estima que hay 400.000 iglesias cristianas en los Estados Unidos. ¡Eso significa que solo necesitamos una persona más por congregación para cuidar!

Algunos luchan por los no salvos

- 150.000 personas mueren cada día y se enfrentan a un Dios santo que decide su destino eterno.

Aunque algunos han cambiado su teología y ya no están agobiados por ese pensamiento, otros creen tanto en el cielo como en el infierno. Por lo tanto, no pueden imaginar que ninguna causa sea más importante que la difusión del evangelio, especialmente para aquellos que nunca han oído hablar de Jesús.

Solo es el principio

Ni siquiera he empezado a agotar la lista: el medio millón de personas sin hogar en Estados Unidos, las familias de los mártires, los creyentes en países hostiles torturados mientras lees esto porque se resisten a negar a Cristo, personas con necesidades especiales, soldados heridos, personas con discapacidades en todo el mundo que son tratadas como si estuvieran malditas, y la lista continúa... De hecho, algunas personas que leen este libro, en este momento, se sienten ofendidas porque me olvidé de poner su causa en la lista. Por cierto, no enumeré estas cosas en ningún orden en particular, así que tampoco hay que ofenderse por eso. Todos los priorizaríamos de manera diferente. Ese es mi punto.

Hay muchas tragedias en la tierra en este momento. Hay que luchar contra todas ellas. Cuando miras la lista, no es de extrañar que cada cuarenta segundos, alguien en este planeta se sienta tan desesperado que se suicide. Piensa en eso durante los próximos cuarenta segundos.

No podemos permitirnos el lujo de aplacar la pasión de nuestros hermanos en la fe. Estamos llamados a «animarnos unos a otros al amor y a las buenas obras» (Hebreos 10:24). Así que sigamos desafiándonos amorosamente unos a otros a mayores profundidades de empatía y sacrificio. Sin embargo, en el camino, ten cuidado de no enojarte ni frustrarte con hermanos y hermanas a quienes no les importa tanto como a ti una causa, cualquiera sea. Vivimos en una época en la que hay mucho de qué preocuparse. Dios les da a las personas de manera diferente y las estimula de modo distinto por el bien de diversas causas que están todas en su corazón. Puede que a mí me preocupen los niños hambrientos más que a ti. Puede que a ti te importe más la reconciliación racial que a mí. A alguien más le puede interesar la tortura de los cristianos en los países perseguidos más que a nosotros. Eso no significa que no nos importe. Es solo que nunca nos importará a todos por igual. Y a diferencia de Dios, solo tenemos cierta capacidad para actuar.

Siempre será más fácil buscar a las personas cuyos intereses y afiliaciones se asemejen más a los tuyos, personas cuyas experiencias se identifican con las tuyas, las cuales se compenetran con tus elecciones y pasiones de manera similar. Siempre será más fácil descartar a aquellos con los que tu personalidad o tus opiniones son opuestas.

Pero hay algo muy hermoso y poderoso en un grupo de personas extraordinariamente diversas que se unen bajo una bandera común. Y es que eso muestra al mundo que nuestra obsesión común por el valor de nuestro Rey es más poderosa que cualquier división social, política, cultural o económica. Les muestra una imagen del cielo. No dejes que tu orgullo se interponga en el camino de ese cuadro.

Lucha contra el desánimo

Como cristianos, no apuntamos a una vida fácil. Independientemente de los ataques que suframos mientras intentamos ser fieles a Jesús

La unidad requiere de que batallemos. Por eso vale la pena luchar por ella.

—y siempre es más triste cuando esos ataques provienen de dentro de la iglesia— podemos estar seguros de que muchos cristianos, a lo largo del tiempo, han sufrido muchísimo más. A veces parece más fácil levantar las manos, despedir a todos los atacantes y dejar que todos los demás cristianos se las arreglen por sí mismos. O solo invertir en personas que me faciliten la vida. Pero eso no es unidad. Es imposible ser unificados por uno mismo. Me da valor saber que Jesús oró para que sus seguidores se unieran y que nos dio el Espíritu Santo para capacitarnos con ese fin. La unidad requiere de que batallemos. Por eso vale la pena luchar por ella. Independientemente de la oposición que enfrentemos, no nos arrepentiremos de seguir los claros mandamientos de Jesús.

Ya se acerca el fin de todas las cosas. Así que, para orar bien, manténganse sobrios y con la mente despejada. Sobre todo, ámense los unos a los otros profundamente, porque el amor cubre multitud de pecados. Practiquen la hospitalidad entre ustedes sin quejarse. Cada uno ponga al servicio de los demás el don que haya recibido, administrando fielmente la gracia de Dios en sus diversas formas. El que habla, hágalo como quien expresa las palabras mismas de Dios; el que presta algún servicio, hágalo como quien tiene el poder de Dios. Así Dios será en todo alabado por medio de Jesucristo, a quien sea la gloria y el poder por los siglos de los siglos. Amén. Queridos hermanos, no se extrañen del fuego de la prueba que están soportando, como si fuera algo insólito. Al contrario, alégrense de tener parte en los sufrimientos de Cristo,

para que también sea inmensa su alegría cuando se revele la
gloria de Cristo.

—1 Pedro 4:7-13

Es tiempo de seguir adelante

Una de las cosas que mi antiguo pastor de jóvenes dijo una y otra vez fue «muévete con el mover». En otras palabras, no te distraigas tratando de convencer a todos de que te sigan. Siempre habrá quienes no estén interesados y debes estar dispuesto a dejarlos atrás. Él explicaba que Jesús no trató de convencer a nadie, tanto es así que terminaba muchos de sus mensajes con la frase «el que tenga oídos para oír, que oiga».

Ahora me doy cuenta de que esto es exactamente lo que me ha desanimado en lo referente a hacer cualquier esfuerzo en pro de la unidad. He estado apuntando a una participación del cien por ciento. Eso nunca sucederá. No todo el mundo quiere eso. Seguí intentando elaborar estrategias sobre cómo conseguir que incluso los separatistas más arrogantes se unieran al movimiento por la unidad. Como yo era uno en los que veían cualquier pizca de ecumenismo como herético, ya sabía las objeciones que plantearían. Sabía lo que dirían en sus reuniones menospreciando a los herejes que querían la unidad. Ellos eran los simplones que no valoraban la teología y no conocían la Palabra como nosotros. Eran los ignorantes que querían la unidad a expensas de la verdad. Cuanto más pensaba en los que están atrapados en esta mentalidad, más imposible parecía la tarea y menos inclinado estaba a intentar cualquier cosa.

Durante mucho tiempo, no estuve dispuesto a dejarlos atrás. Quizás fue cierta lealtad lo que sentía. Tal vez fue porque seguía pensando en lo valioso que podrían ser para el cuerpo de Cristo si usaban su inteligencia y pasión para unirse. Tal vez sabía cómo ridiculizaban a los demás y no quería ser el receptor de eso. Cualquiera sea la razón, no pude liberarme de eso hasta que vi que tenía que elegir entre su espíritu divisivo o el deseo de Dios de que nos uniéramos.

Solo hasta hace poco he podido dejar eso. Sé lo que algunos de ustedes están pensando: «¿No es este un libro sobre la unidad? ¿Cómo puedes dejar ir a todo un contingente de personas que dicen conocer a Jesús? ¿Cómo puedes amarlos mientras los dejas atrás?». A veces es necesario adelantarse para mostrarle a la gente un vistazo de lo que es posible. Al ver un ejemplo de unidad y observar las bendiciones que Dios derrama sobre nosotros, puede ser precisamente lo que los convenza de reunirse. Una de mis historias bíblicas favoritas es sobre Jonatán y su escudero (1 Samuel 14). Jonatán y su escudero decidieron luchar solos contra todo el ejército filisteo. Todos los demás hebreos estaban aterrorizados y muchos se escondían en los bosques. Dios bendijo sobrenaturalmente a Jonatán y, de repente, él y su escudero estaban derrotando a todo un ejército. Cuando Saúl vio eso, llevó a sus hombres a unirse a la batalla. Una vez que comenzaron a perseguir a los filisteos, el último grupo de hebreos finalmente se unió a la persecución.

No podemos esperar hasta que todos estén de acuerdo en unirse a la lucha por la unidad. A medida que Dios bendiga la fe de unos pocos, otros se unirán.

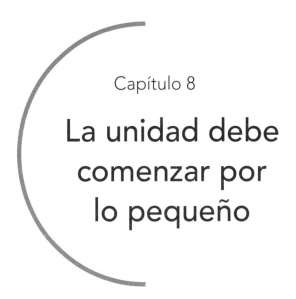

Capítulo 8

La unidad debe comenzar por lo pequeño

De lo invisible a lo más visible

Uno de los errores que veo una y otra vez en la búsqueda de la unidad (entre otras actividades) es que todos quieren saltar a la macroescala. Estoy seguro de que muchas de esas personas tienen buenas intenciones. Quieren hacer llegar el mensaje a la mayor cantidad de individuos posible; quieren ver un avivamiento.

Sin embargo, con demasiada frecuencia, el mensaje a las masas pierde su poder porque no va acompañado de una vida que refleje esa potencia. Por tanto, si te apasiona ver una mayor unidad en la iglesia, te insto a que comiences poco a poco. Pon tu vida en orden antes de hacer discursos.

Empieza solo con Dios y tú. Pasa tiempo deleitándote en el misterio de la unidad con Dios y arrepintiéndote del orgullo y la división. Aprende lo que significa *permanecer* en el Padre, porque sin él no producirás fruto (Juan 15:4-5). Pídele que te ayude a ver a las personas que te rodean a través de los ojos de Dios. Escuché a un amigo, que es un líder cristiano muy conocido, que dijo que una vez estaba hojeando la revista *Charisma* mientras veía las fotos de otros pastores y líderes. Confesó sentirse indiferente hacia cada una de esas personas y contó cómo comenzó a rogarle a Dios que le permitiera ver a cada persona de la forma en que él las ve. Mi amigo estaba convencido de que Dios nos ha llamado a mucho más que a la indiferencia hacia nuestros hermanos y hermanas en Cristo. Así que se negó a dejar la revista a un lado hasta que sintiera el amor de Dios por ellos. Se sintió tranquilo, pero eso no fue suficiente; hasta que comenzó a interesarse por cada una de esas personas. Dios nos ordenó amar a los demás como él nos amó a nosotros. Sigue el ejemplo de mi amigo: confiesa tus defectos y ruega a Dios que cambie tu corazón.

Examina tu matrimonio: no puedes iniciar un movimiento hacia la unidad mientras atraviesas un proceso de divorcio. ¿Eres realmente uno con tu cónyuge? ¿Estás amando a tu esposa y entregando tu vida por ella como Cristo lo hizo por la iglesia? ¿Estás honrando a tu esposo como a Cristo? Si no podemos trabajar con amor a través del conflicto en un contexto tan íntimo y comprometido como el matrimonio, difícilmente podemos esperar hacerlo en nuestras iglesias. «Porque si alguien no sabe cómo administrar su propia casa, ¿cómo cuidará de la iglesia de Dios?» (1 Timoteo 3:5). Piensa específicamente en la iglesia familiar. No te apresures a lamentar la desunión en la iglesia estadounidense o en la iglesia global mientras seas cruel, despectivo y no muestres amor hacia las personas en el propio cuerpo de tu iglesia. Dietrich Bonhoeffer advirtió sobre la diferencia entre amar el *concepto* de una comunidad unida y amar a las *personas* que realmente están en nuestra comunidad:

> *Todo sueño humano que se inyecta en la comunidad cristiana es un obstáculo para la comunidad genuina y debe ser desterrado si queremos que la comunidad verdadera sobreviva. El que ama su sueño de comunidad más que la propia comunidad cristiana, se convierte en un destructor de esta última, aunque sus intenciones personales sean siempre tan francas, serias y sacrificadas.*[7]

Él dice que cualquier ideal personal que no sea más que un sueño es peligroso en una comunidad unida. En cambio, lo que necesitamos es amar a las personas reales que están frente a nosotros y encontrar la unidad con esas personas específicas.

Si no podemos encontrar la unidad allí, no podemos hallar una unidad significativa en absoluto.

Dios no nos llamó a la neutralidad. Él quiere que cada palabra se pronuncie con amor. Cada oración en cada nivel de interacción

Dios no nos llamó

a la neutralidad.

Él quiere que cada palabra

se pronuncie con amor.

debe ser pronunciada con amor, lo que lleva a una mayor unidad. Si pudieras obtener una transcripción de tu última conversación, ¿cuántas frases se habrían pronunciado para promover el amor y la unidad?

El veneno de la ambición egoísta

Santiago 3 nos advierte que «donde hay envidias y rivalidades, también hay confusión y toda clase de acciones malvadas» (v. 16). Rara vez se habla de la ambición egoísta. Pero ha sido aceptada, asumida e incluso elogiada muchas veces. Dios me mostró recientemente cómo se convirtió en algo normal, en mi vida, esa ambición egoísta. Me mostró momentos en los que comencé en una condición pura, pero luego se infiltró la ambición egoísta. Me mostró que los profetas no tenían metas elevadas como esa que dice: «Voy a liderar a las masas»; sino que se esforzaban solo por ser fieles a lo que Dios los llamaba. Piensa en Isaías, Jeremías, Ezequiel y los demás: su ambición era seguir instrucciones.

¿Estamos seguros de que el establecimiento de metas y los planes de diez años son bíblicos? Es curioso que cada ministro joven tenga la visión o la ambición de liderar las masas en un pretendido avivamiento. ¿Cuánto de esa ambición es egoísta? ¿Es solo una coincidencia que liderar un gran avivamiento también sea el estilo de vida más agradable para todos nosotros? Es raro encontrar personas que ambicionen ser odiadas y maltratadas como Cristo o los profetas. Es raro encontrar a alguien cuya ambición sea sufrir y morir como los apóstoles.

Quiero ver el arrepentimiento y el avivamiento tanto como cualquiera. Solo quiero asegurarme de que estoy siguiendo a Dios y no una ambición egoísta. Cuando reflexiono en el pasado, veo un buen porcentaje de motivos centrados en el reino mezclados con alguna ambición egoísta. Eso no es correcto porque el pasaje de Santiago dice que donde la ambición egoísta incluso «existe», ha de conducir al desorden. Todas las personas saben que el mundo cristiano está sumido en el caos. Creo que se debe a la cantidad de ambición egoísta existente en el liderazgo.

Nuestra tradición evangélica le da libertad a cada líder cristiano para expresar individualmente su interpretación de las Escrituras sin responsabilidad alguna, por lo que aprovechamos al máximo eso. Los cristianos en Estados Unidos pasan mucho más tiempo criticando a otros que compartiendo el evangelio. Diariamente se crean nuevos blogs, podcasts y sitios web. Estos a menudo conducen a nuevas iglesias e incluso denominaciones. Es por esa razón que existen miles de denominaciones cristianas, cada una de las cuales cree que es la más precisa bíblicamente.

También vivimos en una época en la que la gente tiene hambre de lectores y oyentes. Algunos pastores se han dado cuenta de que, si hacen un video titulado «La gloria de Cristo», pueden obtener cien visitas, pero uno que se titule «Francis Chan niega a Cristo» seguramente obtendrá miles. Así que aumentamos nuestra base de seguidores como podamos sin considerar cómo le parece eso a un mundo moribundo, por no hablar de lo que le hace al corazón de Dios.

Justo después del pasaje citado anteriormente, Santiago escribe: «¿De dónde surgen las guerras y los conflictos entre ustedes? ¿No es precisamente de las pasiones que luchan dentro de ustedes mismos?» (4:1). Tan pronto como comencemos a mezclar los objetivos del reino con los egoístas, estamos socavando nuestros propios esfuerzos, porque cosecharemos lo que sembramos.

El peligro de las denominaciones

Cuando consideras todos los cismas que han dividido a la iglesia en literalmente miles de ramas, es difícil creer que todos pretendamos seguir al mismo Jesús que oró antes de morir para que todos fuéramos uno como él y el Padre son uno. Es especialmente sorprendente cuando examinamos las razones de algunas de las principales divisiones. Por ejemplo, la famosa división de 1054, mencionada anteriormente, ocurrió cuando la Iglesia Católica Occidental y la Iglesia Ortodoxa Oriental no pudieron ponerse de acuerdo sobre si el Espíritu Santo procede únicamente del Padre (la visión de la Iglesia Oriental) o del Padre y el Hijo (la Iglesia Occidental, además del credo establecido). El debate se centró en una sola palabra latina: *filioque* («y del Hijo»). Se excomulgaron una a la otra y crearon una brecha que no se ha curado en casi mil años. Entonces muchas batallas, ejecuciones y divisiones posteriores han continuado en el cuerpo de Cristo.

No estoy diciendo que algunas de esas divisiones no surgieron de los movimientos genuinos del Espíritu de Dios. Estoy agradecido por muchas de las ideas que surgieron durante la Reforma Protestante, que comenzó en 1517. Martín Lutero luchó para interpretar las Escrituras con precisión y se opuso a muchos de los abusos en la Iglesia Católica en ese momento con respecto al evangelio y la justificación. Quisiera tener su audacia y su convicción con respecto a lo que realmente dicen las Escrituras. Pero la mayoría de nosotros nunca hemos escuchado la advertencia de Lutero a su compañero reformador, Melanchthon: «Después de nuestra muerte, surgirán muchas sectas duras y terribles. ¡Dios, ayúdanos!».

Alrededor de trescientos años después de la Reforma y hace aproximadamente ciento setenta y cinco años, el historiador de la iglesia protestante Philip Schaff describió su momento cultural así: «[El sistema de sectas es una] gran enfermedad que se ha adherido al corazón del protestantismo, y que debe ser considerado ... más peligroso, porque normalmente aparece con el imponente atuendo de la piedad».[8]

Me sorprende lo bien que describen sus palabras lo que todavía estamos experimentando hoy. Schaff estaba escribiendo con respecto a la Reforma pero, como dije, el tema es mucho más antiguo que eso. Durante cientos de años, nuestra propensión a dividirnos y a atacar, a formar sectas, nos ha estado comiendo vivos. Pablo nos advirtió: «Si se muerden y se devoran unos a otros, tengan cuidado de no ser consumidos los unos por los otros» (Gálatas 5:15). Pero parece que nunca hemos tomado en serio sus palabras.

A menudo, nuestras divisiones surgen cuando no estamos de acuerdo sobre la forma correcta de interpretar la Biblia. Este fue ciertamente el caso de la Reforma de Lutero. Pero Schaff señala una realidad que todavía es cierta hoy: muchas veces surgen grandes divisiones entre personas que pueden firmar la misma declaración doctrinal pero que no pueden ponerse de acuerdo sobre la misma metodología. Él decía que los desacuerdos en su día «no giran tanto en cuanto a la doctrina como a la constitución y las formas de la iglesia. En vez de escuelas y sistemas tenemos partidos y sectas, que en muchos casos aparecen en plena oposición inexorable, incluso ocupando la plataforma de la mismísima confesión».

Esto sigue siendo cierto. Las iglesias y los grupos con declaraciones de fe casi idénticas encuentran imposible validar lo que Dios está haciendo entre una iglesia o grupo vecino.

Desde su posición ventajosa en 1845, Schaff previó que esa trayectoria nos conduciría a situaciones peligrosas: «Donde el proceso de separación está destinado a terminar, ningún cálculo humano puede predecirlo. Cualquiera que tenga... alguna experiencia interior y una lengua pronta puede persuadirse a sí mismo de que está llamado a ser un reformador... en su vanidad espiritual y su orgullo [provoca] una ruptura revolucionaria con la vida histórica de la Iglesia, a la que se considera inmensamente superior. En consecuencia, construye una nueva capilla, en la que ahora, por primera vez desde la época de los apóstoles, se formará una congregación pura; bautiza a sus seguidores con su propio nombre...»

Esas son palabras fuertes. Pero ¿estaba equivocado? ¿No hemos visto que esto suceda una y otra vez a gran y pequeña escala? Las

He estado orando para
que el pueblo de Dios
recupere el amor
y la unidad que la Biblia
enfatiza constantemente.

palabras de Schaff son duras, pero creo que tiene razón: «Así, la multitud engañada... se convierte no a Cristo y su verdad, sino a las arbitrarias fantasías y opiniones infundadas de un individuo... Lo que se construye no es una iglesia, sino una capilla, a cuya edificación el propio Satanás ha hecho la más liberal contribución». Dejando espacio para una obra genuina del Espíritu de vez en cuando, creo que necesitamos escuchar el fuerte lenguaje de Schaff. ¿Creemos que Dios se complace con nuestras constantes excomuniones y «despedidas»?

Por cada denominación que se ha separado, ¿cuántos cristianos individuales también han formado sus propias divisiones? Todas nuestras separaciones continúan acelerándose, ¿dónde terminará todo esto?

Mi oración al escribir este libro ha sido que nosotros, como iglesia, podamos entrar en razón y ver toda la división y las luchas internas como algo contrario al diseño de Dios. He estado orando para que el pueblo de Dios recupere el amor y la unidad que la Biblia enfatiza constantemente. Le he estado pidiendo a Dios que forme un ejército de personas que crean que podemos unirnos en el amor de Jesús a través del empoderamiento del Espíritu.

Sé que esto no sucederá porque lo hayamos pedido. Sé que no sucederá en respuesta a que todos nos esforzamos más por llevarnos bien. Pero creo que el Espíritu de Dios puede unirnos en maneras sobrenaturales. Creo que él quiere hacerlo. Creo que Dios nos ha dicho que esto es lo que quiere hacer en su iglesia. Por tanto, creo que sucederá. Nos hemos desviado bastante, pero Dios está constantemente persiguiendo a sus ovejas descarriadas.

Cómo liderar la revolución

¿Qué piensas cuando escuchas la frase «líder cristiano poderoso»? La mayoría de nosotros imaginamos a una persona parada en un escenario hablando con miles de personas y movilizándolas a alguna acción a gran escala. Otros pueden estar pensando en alguien con una presencia en línea que atrae a millones de seguidores. Considera al apóstol Pablo, que ciertamente influyó en su generación, pero ha impactado a millones y millones en los últimos dos mil años. La gente todavía lee los escritos de Pablo y admira su ejemplo.

Aunque como apóstoles de Cristo hubiéramos podido ser exigentes con ustedes, los tratamos con delicadeza. Como una madre que amamanta y cuida a sus hijos, así nosotros, por el cariño que les tenemos, nos deleitamos en compartir con ustedes no solo el evangelio de Dios, sino también nuestra vida. ¡Tanto llegamos a quererlos!

—1 Tesalonicenses 2:7-8

A veces es fácil olvidar que Pablo no pasaba sus días parado frente a los coliseos abarrotados de gente. Al contrario, se preocupaba profundamente por la gente. Iba de un lugar a otro amando profundamente a las personas y compartiendo su vida con ellas. Quizás nadie que escriba o lea este libro tendrá el tipo de impacto duradero que ha ejercido Pablo, pero quizás lo tendríamos si seguimos su ejemplo. Por lo general, son las personas que no piensan en las masas las que realmente llegan a ellas. Simplemente se ocupan amando a las personas que Dios pone ante ellos. A medida que el amor impulsa actos inusuales de sacrificio, las masas recuerdan sus ejemplos. La mayoría de las voces que escuchamos hoy serán silenciadas al morir porque no tenían acciones amorosas que recordar.

Queridos hijos, no amemos de palabra ni de labios para afuera, sino con hechos y de verdad.

—1 Juan 3:18

Mi amigo Juan es un hombre mayor cuya esposa murió trágicamente. Además de perder la vista, la diabetes le había destruido ambos riñones. Sin su esposa, no tenía a nadie que lo llevara a los tratamientos de diálisis. Así que anunciamos en la iglesia que Juan necesitaba ayuda. Mi amigo Keith se ofreció a llevarlo a pesar de que le consumiría muchas horas fuera de su horario. Aunque tenía un empleo de tiempo completo y tenía dos hijos en casa, quería servir a ese hermano en Cristo a quien apenas conocía. La primera vez que fueron al hospital, Keith se perdió y su nuevo amigo ciego no fue de mucha ayuda. Eso les dio tiempo para reír, hablar y conocerse. Mientras Juan le contaba su historia y le explicaba su condición médica, Keith desarrolló una amistad profunda con Juan. ¡Estaba tan conmovido que unas semanas después le donó uno de sus riñones!

Al vivir en Hong Kong, he tenido el placer de pasar tiempo con mi amiga Jackie. Ella es una de mis heroínas. A los veintidós años, abordó un barco en Inglaterra que la llevó a Hong Kong. Llegó en 1966 con diez dólares y vive allí hasta el día de hoy. Comenzó a ministrar a los adictos a las drogas en la parte más peligrosa de la ciudad y no ha parado. Aunque tiene setenta y seis años, me cuesta mantenerme al día con el horario que mantiene. ¡Amo a esa mujer! Tenemos diferencias teológicas y prácticas, pero a mí me importa muy poco. Ella es un ejemplo para mí. Su compromiso con Cristo y su amor por las personas son signos claros de que ella también es receptora de la gracia de Dios. Cualquiera que conozca a Jackie sabe que ella se encoge cada vez que se le presta atención. Ella quiere que toda la gloria sea para aquel que le dio la gracia para servirle todos estos años.

La unidad es difícil cuando todo lo que hacemos es hablar. La iglesia primitiva produjo el libro de los Hechos; la iglesia moderna produjo un libro de charlas. Sus líderes murieron viviendo el evangelio; nos ganamos la vida hablando de ello. Cuanto más fruto demos, más fácil será la unidad. Cuando comencemos a vernos unos a otros conformando nuestras acciones y estilos de vida a los de Jesús y la iglesia primitiva, estaremos más propensos a unirnos. Será un placer y un honor servir junto a esos hombres y mujeres. Puede que no provengan de tu denominación o trasfondo teológico, pero puedes celebrar mientras le dan gloria a Jesús.

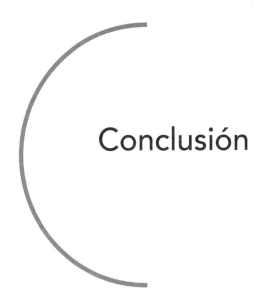

Conclusión

El retorno a la fe como la de los niños

Porque es necesario que todos comparezcamos ante el tribunal de Cristo, para que cada uno reciba lo que le corresponda, según lo bueno o malo que haya hecho mientras vivió en el cuerpo.

—2 Corintios 5:10

Cuanto mayor me hago, menos pienso en lo que otros han dicho de mí y más reflexiono en lo que Jesús me dirá. Antes de escribir este párrafo, pasé una hora imaginándome cómo será la escena cuando vea a Dios. He hecho de eso una práctica saludable que he sostenido en toda mi existencia y, sin embargo, necesito ejercitarla con más frecuencia. Mientras me imaginaba inclinándome ante él, pensé en los arrepentimientos que tendré que hacer por lo que fue mi vida en la tierra. Soy consciente de que tuve muchos fracasos, pero estoy seguro de que en ese día se expondrán muchos más. Solo entonces descubriré cuánto hieren mi orgullo y mi egocentrismo a otras personas y a la iglesia en general. Intenté escribir este libro pensando únicamente en ese día. ¿De qué me arrepentiré de decir o de no decir? Ese día, no tendré ni una pizca de preocupación por lo que los demás piensen de mí; eso es segurísimo. Me presentaré ante mi Hacedor y responderé por mi vida. Al recordar cincuenta y tres años de fracasos, sé de las cosas que he hecho que lastimaron a la iglesia. También sé de cosas que no hice, que también lastimaron a la iglesia. Sé que es mejor no revolcarse en la vergüenza de los fracasos del pasado ni en la conmiseración propia. Al mismo tiempo, no quiero crear nuevos arrepentimientos para el futuro.

Dedica un tiempo para considerar lo que te va a importar en ese último día. Es muy saludable apartar los ojos de todo lo que ves en este momento (2 Corintios 4:18). Simplemente imagínate de pie o postrado ante un Dios santo al final de tus días. Esto es lo que me motiva a tomar algunas de las decisiones más difíciles de mi vida.

Algunos de ustedes necesitan distanciarse de aquellos que los están llevando a separarse de los hermanos y hermanas en Cristo. Otros necesitan abrazar a aquellos a quienes han apartado de su

Fuimos creados para la unidad,
salvados para estar unidos y
pasaremos la eternidad adorando
como un solo cuerpo.

comunión injustamente. Que el Espíritu Santo les dé el valor y la humildad necesarios para realizar tal hazaña. Recuerda que no debes sentirte abrumado con toda la división que ocurre en todo el mundo. ¿Con quién necesitas sostener una conversación en persona? Me imagino que no querrás abrazar lo que causa las divisiones, ni alejarte de los verdaderos hijos de Dios en aquel día. Queremos que nos encuentre buscando desesperadamente la unidad que él nos ordenó.

Sé lo suficientemente maduro para adorar como un niño

Por la gracia de Dios, todavía tengo una fe infantil en que el cuerpo de Cristo puede que se una y yo vea ese acontecimiento. Es probable que esté loco pero, a medida que el mundo se divide más, creo que este es el momento exacto en que Dios quiere unir su reino. Sigo imaginando lo felices que seremos cuando empecemos a unirnos. Eso es lo que queremos. Fuimos creados para la unidad, salvados para estar unidos y pasaremos la eternidad adorando como un solo cuerpo. Es posible que algunos me vean como alguien inmaduro por creer que una adoración más profunda nos unirá. Creo que, en fin, soy lo suficientemente maduro para creer como un niño. Su Espíritu nos induce a una adoración profunda que nos una. El creyente lleno del Espíritu no permitirá que nada interrumpa su participación en ese servicio de adoración unificado y continuo.

No se emborrachen con vino, que lleva al desenfreno. Al contrario, sean llenos del Espíritu. Anímense unos a otros con salmos, himnos y canciones espirituales. Canten y alaben al Señor con el corazón, dando siempre gracias a Dios el Padre por todo, en el nombre de nuestro Señor Jesucristo. Sométanse unos a otros, por reverencia a Cristo.

—Efesios 5:18-21

Las personas llenas del Espíritu no permitirán que los conflictos les impidan dirigirse entre sí con «salmos, himnos y canciones espirituales». Las personas maduras no se desvían tan fácilmente por los elogios.

Las personas llenas del Espíritu constantemente están «cantando y alabando al Señor». Esa es una adoración ininterrumpida que proviene de tu «corazón». No necesita que otros te induzcan a adorar. El Espíritu conmueve tu interior y va moviéndote hasta que surgen canciones y melodías desde lo más profundo de tu ser.

Las personas llenas del Espíritu siempre están «*dando gracias a Dios el Padre por todo*». La acción de gracias no puede detenerse en la vida de un seguidor piadoso. Incluso las pruebas y el sufrimiento pueden llevar a dar gracias por la persona que camina en el Espíritu.

Las personas llenas del Espíritu tienen «reverencia a Cristo». El temor de Dios lleva a «someterse los unos a los otros». Somos incapaces de pensar en nosotros mismos. Su Espíritu nos lleva a considerar la importancia de los demás.

En concordancia con esta definición bíblica en cuanto a estar llenos del Espíritu, ¿podrías describirte a ti mismo como una persona llena del Espíritu?

¿Es realmente tan sencillo eso de llenarse del Espíritu? ¿Arreglaría esto realmente todos los conflictos entre los cristianos? Sí, ciertamente. Así como ningún matrimonio lleno del Espíritu se ha divorciado jamás, ninguna iglesia llena del Espíritu puede separarse. Solo cuando dejamos de dirigirnos los unos a los otros con salmos, dejamos de cantar al Señor de corazón, de agradecer a Dios por todo y de someternos unos a otros por reverencia a Cristo, podremos separarnos los unos de los otros. Si crees que estoy equivocado, pregúntate si alguna vez has visto suceder eso. ¿Cuántas personas conoces que modelen uno de esos rasgos y vivan llenas del Espíritu?

Ahora mismo, estoy pensando en dos mujeres: Joni y Susan. Son dos de las personas más llenas del Espíritu que conozco. Para mí, han sido ejemplos de personas que parece que literalmente nunca dejan de alabarlo y agradecerle. No creo que se hayan conocido nunca, pero solo puedo imaginarme viéndolas conocerse y tener una dulce comunión en la presencia de Jesús. Mientras se turnan para gloriarse en el Señor, no puedo imaginarlas descubriendo algo por lo que valga la pena dividirse. A ambas les encanta sentarse a los pies del Señor demasiado. Ninguna de las dos podía soportar estar lejos.

Terminemos este libro de la manera en que lo comenzamos: alabando al Señor.

Señor, te alabo porque existo. Me encanta estar vivo y me siento muy honrado de ser creado a tu imagen. Me hiciste de tal manera que ahora puedo convertirme en uno contigo. Lo lograste con la muerte de tu Hijo en la cruz. Su sangre me ha limpiado. Digno es el ¡Cordero que fue inmolado! Me has adoptado y me encanta ser tu hijo. Me abruma el hecho de que me ames. Quiero ser uno contigo mucho más que otra cosa.

Por favor, límpiame de todo orgullo, ambición egoísta y egocentrismo. Quieres que sea perfectamente uno con todos mis hermanos y hermanas en Cristo. Yo también quiero eso. Señor, aumenta ese deseo en mí y en todos tus hijos. Lamento todo lo que he hecho que haya causado división. Lamento todo lo que no he hecho, permitiendo que continúen estas divisiones. Aumenta mi amor por tus hijos. Dios todopoderoso, únenos para tu honra y para tu gloria. Anhelo ver contestada la oración de tu Hijo: que seamos perfectamente uno, así como tú y Jesús son uno. Mi alma anhela la perfecta unidad en tu presencia para siempre.

Alabado sea el Padre, el Hijo y el Espíritu Santo. Amén.

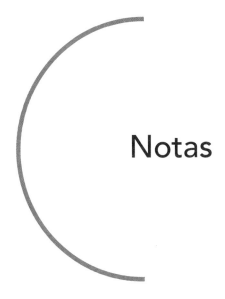

Notas

1. A. W. Tozer en John Snyder, *Behold Your God: Rethinking God Biblically* (Media Gratiae, 2013).

2. «La mayoría de los cristianos estadounidenses no creen en la existencia de Satanás ni del Espíritu Santo», Barna, 13 de abril de 2009, www.barna.com.

3. John Snyder, *Behold Your God…*

4. Mateo 6:10, Santa Biblia Reina Valera 1960.

5. Watchman Nee, *La iglesia normal* (Living Stream Ministry, 2005).

6. JAY-Z, vocalist, «Streets Is Watching» by Labi Siffre, Ski Beatz, and JAY-Z, pista 5 de *In My* Lifetime, Vol. 1, Def Jam Recordings and Roc-a-Fella Records, 1997.

7. Dietrich Bonhoeffer, *Vida en comunidad* (Ediciones Sígueme), 2019.

8. Philip Schaff, *The Principle of Protestantism as Related to the Present State of the Church, trans.* John W. Nevin (German Reformed Church, 1845). Citas en esta sección son extraídas de las páginas 107-116.

PODEROSO.

¿Cuándo fue la última vez que alguien
usó esa palabra para describirlo?

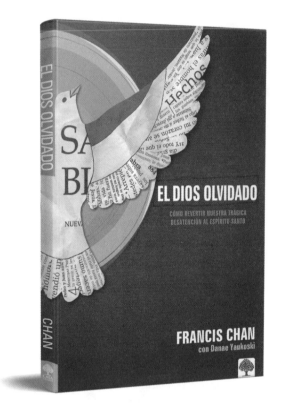

¿Será que nos hemos olvidado de Aquél que nos
distingue de toda religión y culto en el mundo?

A través de una sólida base bíblica y una convincente
narrativa, el sorprendente autor Francis Chan nos lleva
de nuevo al Espíritu Santo como la Biblia lo describe.

 *Para vivir la Palabra*
www.casacreacion.com

Si Dios lo hiciera a su manera, ¿cómo serían nuestras iglesias?

CARTAS A LA IGLESIA

FRANCIS CHAN
Autor del éxito de librería *Loco amor*

Cuando Jesús regrese, ¿nos encontrará cuidando de su Novia más que de nuestras propias vidas? *Cartas a la Iglesia* nos recuerda lo poderosa y gloriosa que fue la Iglesia una vez... y nos desafía a volver a ser esa Iglesia, la que Dios ideó.

¿Algo en lo profundo de tu corazón
anhela liberarse del status quo?

DIOS ES AMOR.

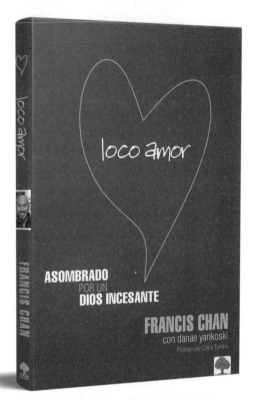

LOCO, INCESANTE Y TODOPODEROSO AMOR

Porque cuando está locamente
enamorado de alguien, eso cambia todo.

CASA CREACIÓN

Editorial Nivel Uno

PRESENTAN:

Para vivir la Palabra

www.casacreacion.com

Te invitamos a que visites nuestra página web, donde podrás apreciar la pasión por la publicación de libros y Biblias:

www.casacreacion.com

Para vivir la Palabra